COLLECTION CARNETS

Jim Thompson

Maquette de couverture : Patrick Lébédeff

Pour la présente édition :

Troisième impression : 2019

ISBN : 978-2-87868-018-8

Les Éditions du Pacifique
5, rue Saint-Romain, 75006 Paris
www.leseditionsdupacifique.com

William Warren

Traduction Valérie Millet et Béatrice Leca
Adaptation Françoise Botkine

Jim Thompson

L'Américain légendaire de Thaïlande

LES ÉDITIONS DU PACIFIQUE
CARNETS D'ASIE

SOMMAIRE

REMERCIEMENTS

J'aimerais exprimer ici toute ma reconnaissance aux nombreuses personnes qui m'ont apporté leur aide pour la rédaction de cet ouvrage. Ce livre est tout particulièrement dédié à Charles Sheffield, sans lequel il n'aurait jamais vu le jour. Parmi les personnes qui m'ont généreusement accordé leur temps, je voudrais citer Madame James H. Douglas, qui m'a donné de nombreuses informations sur son frère et sur la famille Thompson en général, et qui a relu le manuscrit en anglais ; Madame Connie Mangskau, le professeur T. G. Ling et sa femme, qui ont bien voulu répondre à toutes mes questions sur le week-end fatidique passé aux Cameron Highlands ; Madame Einar Ammundsen, Madame Lewis Thompson, Madame William R. Bond, Mademoiselle Elisabeth Lyons et Monsieur Charles Baskerville, dont les souvenirs m'ont été très utiles.

Je tiens également à remercier Monsieur Franck Dyckman de m'avoir suggéré l'idée de cet ouvrage et constamment encouragé pendant sa rédaction, ainsi que Madame Joyce Hartman de la compagnie Houghton Mifflin pour ses sages conseils éditoriaux.

William Warren

INTRODUCTION

Dans l'après-midi du dimanche de Pâques de l'année 1967, un homme d'affaires américain établi en Thaïlande disparaissait dans la jungle montagneuse du centre de la Malaisie. Les circonstances étranges de la disparition de James H.W. Thompson, associées à sa popularité légendaire, captivèrent un vaste public. Au lieu de s'estomper avec le temps, l'intérêt porté à cette affaire s'est au contraire accru. Aujourd'hui, près de trente ans plus tard, ce mystère continue de donner lieu à des commentaires divers dans la plupart des capitales d'Asie du Sud-Est, ainsi que dans certains cercles d'Europe et d'Amérique. Rapidement, une seconde légende Thompson se greffa sur la première. Elle recélait ces détails piquants qui font les délices de la presse à sensation et menaçait pour cette raison d'éclipser le mythe initial fondé lui sur de véritables exploits.

Thompson avait soixante-et-un ans en 1967, et ce n'est que vers quarante ans que sa vie prit un tournant décisif. Le cap de la quarantaine est une période agitée pour beaucoup d'hommes, peut-être même pour la majorité d'entre eux ; ils rêvent de tout abandonner pour tout recommencer. Cependant, très peu font ne serait-ce que le premier pas qui leur permettrait de concrétiser ces vagues désirs. Jim Thompson faisait partie de ces exceptions : au tournant de sa vie, il avait soudain abandonné tout ce qui lui était familier et s'était tourné vers un monde et une carrière d'un exotisme digne de l'imagination d'un romancier. Il réussit de surcroît à épanouir certains de ses talents dans ce nouvel univers, ce qui lui apporta non seulement une satisfaction personnelle mais transforma la vie de milliers d'individus. Durant les vingt années qui précédèrent son séjour fatal en Malaisie, il avait accompli plus que ce que la plupart des hommes réalisent en une vie entière. Il avait fondé une vaste industrie dans un pays lointain et quasi inconnu, dont il ne parlait pas la langue ; il s'était spécialisé dans un art dont il n'avait jusque-là jamais entendu parlé et avait rassemblé une collection qui attira les experts du monde entier. Il avait fait construire une maison qui était un chef-d'œuvre et l'un des points de repère de Bangkok ; et grâce à tout cela, il était devenu lui-même une sorte de repère, une personnalité si célèbre dans son pays d'adoption qu'une lettre simplement adressée à «Jim Thompson, Bangkok» parvenait toujours à bon port dans une ville peuplée alors de trois millions et demi d'habitants.

La carrière de Jim Thompson en Thaïlande fut contée dans des douzaines de publications qui recueillaient, au fur et à mesure de leur édification, les nouvelles élucubrations inhérentes à la naissance d'une légende. Une semaine avant son départ en Malaisie, une équipe américaine de télévision lui demanda de raconter sa vie pour la énième fois ; une telle popularité explique que sa disparition ait mobilisé l'attention générale. En revanche, personne ne s'attendait à ce que cet intérêt prenne une telle ampleur. Le personnage de Thompson, qui aurait pu s'évanouir derrière le mystère, n'en fut pas pour autant oublié.

Le récit qui suit se propose, d'une part, de raconter l'histoire de Jim Thompson de la façon la plus détaillée et, d'autre part, d'analyser plus précisément ce qui a déjà été écrit à son sujet. Il s'appuie sur les interviews que de nombreux proches de Thompson ont bien voulu m'accorder, sur tous les documents qui ont été publiés sur sa vie et sa disparition, et sur les nombreuses conversations que j'eus avec Thompson en Thaïlande. Comme la plupart des individus talentueux, il avait une personnalité complexe, et c'est pourquoi certains aspects de sa vie prêtent à des interprétations diverses. Aucune explication concernant sa carrière et sa disparition ne sera jamais entièrement approuvée, ni par les nombreuses personnes qui l'admiraient, ni par le cercle très restreint de ceux qui ne l'appréciaient pas. Cet ouvrage cherche à se rapprocher de la vérité, mais ne prétend aucunement être infaillible.

On pourrait prendre bien des points de départ pour raconter la vie de Thompson : son arrivée en Thaïlande, par exemple, dont se nourrit la première légende ou, de façon plus classique, sa naissance, pour poursuivre chronologiquement le récit. Étant donné le but poursuivi, il semblait plus approprié de commencer par l'événement qui marqua la fin tragique de la première légende Thompson et annonça la naissance inattendue d'un second mythe.

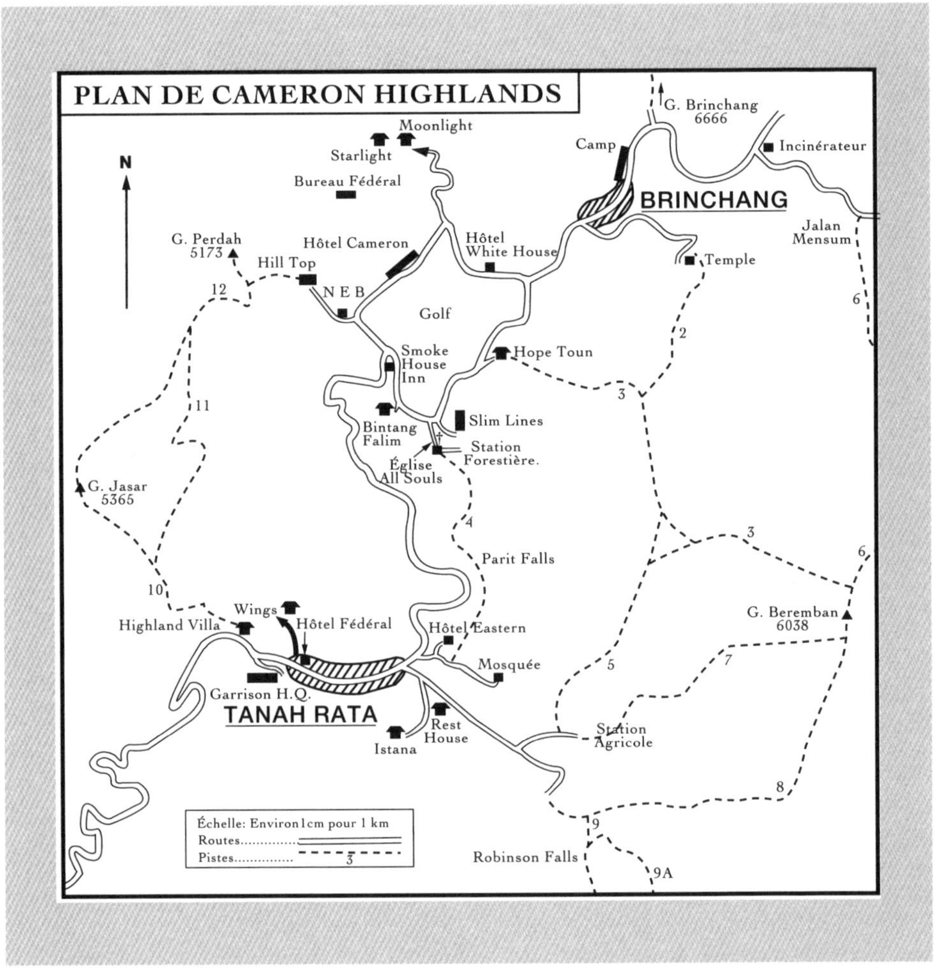
PLAN DE CAMERON HIGHLANDS
N
G. Brinchang
6666
Moonlight
Starlight
Camp
Incinérateur
Bureau Fédéral
BRINCHANG
G. Perdah
5173
Hôtel Cameron
Hôtel
White House
Jalan
Mensum
Temple
Hill Top
12
N E B
Golf
6
2
Smoke
House
Inn
Hope Toun
3
11
Bintang
Falim
Slim Lines
Station
Forestière.
Église
All Souls
G. Jasar
5365
4
3
Parit Falls
6
10
Wings
Highland Villa
Hôtel Fédéral
G. Beremban
6038
Hôtel Eastern
7
Mosquée
5
Garrison H.Q.
TANAH RATA
Rest
House
Istana
Station
Agricole
8
Échelle: Environ 1cm pour 1 km
Routes..............
Pistes..............
3
9
Robinson Falls
9A

Avis aux Randonneurs

1 - Ne jamais se promener seul.

2 - Avant le départ, prévenir :
- du parcours choisi
- de l'heure prévue du retour.

3 - Si vous vous égarez, dirigez vous vers l'Est, ou l'Ouest, c'est à dire la direction opposée à celle de la route principale, jusqu'à ce que vous retrouviez celle-ci.

4 - Si vous n'êtes pas certain du choix de la direction à prendre, restez sur place, de préférence près d'un cours d'eau, jusqu'à ce que l'on vous retrouve.
Les recherches peuvent se prolonger pendant 24 heures. PAS DE PANIQUE.

5 - Avant le départ, se munir :
- d'une bouteille d'eau
- d'une boite d'allumettes (pour allumer un feu de détresse)
- d'un compas (on peut s'en procurer à l'Office du Tourisme)
- d'un sifflet
- d'une torche
- d'un peu de nourriture (du chocolat par exemple)
- d'un couteau

6 - Il est préférable de porter des pantalons et des chemises à manches longues pour se protéger des égratignures et du froid pendant la nuit. (Se munir également de vêtements chauds).

7 - NE PAS SORTIR DES PISTES NUMÉROTÉES INDIQUÉES SUR LA CARTE.

UNE PROMENADE DANS LES HIGHLANDS

Chapitre premier

Située dans l'État de Pahang, au centre de la Malaisie, Cameron Highlands est une station de montagne tranquille et pittoresque, dont le point culminant atteint 2 031 mètres. Elle n'est desservie par aucun train, ni aucun service aérien : le moyen le plus rapide d'y parvenir est de prendre l'avion jusqu'à Ipoh, capitale de l'État voisin, le Perak, puis un taxi pour gravir la route sinueuse qui y mène. Ipoh n'offre pas grand intérêt, et la plupart des touristes qui se rendent aux Highlands préfèrent louer une voiture à Kuala Lumpur, la capitale malaise, ou à Penang, zone franche côtière qui se définit elle-même comme un «petit Hong-Kong». Il faut environ cinq heures de voiture depuis Kuala Lumpur pour arriver à la station, et deux de plus depuis Penang.

Après Ipoh, la route commence à grimper, les rizières et les cocoteraies font place aux contreforts recouverts par la savane. Une fois la petite ville de Tapalu traversée, la montée se fait plus raide, plus tortueuse, et le décor de plus en plus sauvage et menaçant. La nature semble ne jamais avoir été «apprivoisée» ; on imagine qu'elle n'a pas changé depuis le jour où elle apparut aux yeux de l'explorateur qui donna son nom à la station. La jungle dense s'étend sans fin de tous côtés, verte et silencieuse, dangereuse et vierge. On y trouve des tigres, des ravins invisibles de plusieurs mètres de profondeur, et des tribus d'aborigènes qui continuent de chasser avec des sarbacanes et des fléchettes empoisonnées.

Regroupés autour de la ville de Tanah Rata, les Highlands surgissent miraculeusement de ce paysage hostile. Ses rues propres, ses bungalows bien ordonnés, son atmosphère paisible, apparaissent tel un mirage. On y trouve plusieurs hôtels modernes, dont le *Cameron Highlands* et le *Smokehouse*, un terrain de golf de première catégorie laborieusement arraché à la jungle, une maison de repos pour les soldats en permission, et une école pour les enfants des missionnaires américains. Cette dernière, située auparavant à Dalat, au Vietnam, fut transférée ici lorsque la guerre s'intensifia. Des habitations inspirées de l'architecture européenne sont disséminées tout autour du terrain de golf et dans les collines avoisinantes. On remarque ainsi des villas de style Tudor aussi bien que des imitations de chalets suisses, entourés de pelouses soignées et de parterres de fleurs qui poussent avec une vigueur étonnante.

L'esprit des Highlands est plus britannique qu'asiatique. Les bordures de plantes et les jardins de roses sont typiquement anglais, tout comme le cérémonial quotidien du thé, les bouillottes proposées dans les hôtels lors des nuits froides et la petite église anglicane de Tanah Rata. L'extrême soin avec lequel les lieux sont entretenus reflète plus encore l'esprit britannique. Même la jungle, qui s'immisce de tous côtés et menace de reprendre le dessus, semble avoir été anglicisée. Les colonisateurs asiatiques ne se seraient en effet jamais obstinés à défricher et à entretenir ces chemins de forêt qui répondent à la passion des Anglais pour les promenades. La carte simplifiée des Highlands fait état des principales pistes serpentant à travers la jungle, ainsi que de certaines ramifications qui s'enfoncent profondément dans la végétation luxuriante. Il est difficile de se procurer des cartes plus détaillées où tous les chemins connus seraient indiqués (pour des raisons de sécurité, selon un officiel). Puisque la marche est le principal attrait qu'offrent les Highlands, des équipes d'ouvriers sont chargées de maintenir les pistes en bon état, ce qui représente une tâche écrasante. Il est fréquent de les voir travailler, taillant les hautes herbes et les lianes, qui se tendent comme des mains affamées. (Désormais, les autorités locales engagent vivement les marcheurs aventureux à se munir de signaux de détresse et déconseillent d'explorer les chemins transversaux qui s'incurvent et se ramifient sournoisement). Cependant, durant les premiers mois de l'année 1967, les ouvriers semblent passer plus de temps à l'entretien du terrain de golf qu'à celui des pistes de la jungle. Personne ne préconise le recours aux signaux de détresse ni ne distribue de consignes de sécurité et malgré cela, les cas de disparition sont extrêmement rares. Pendant les années vingt et trente, alors que le pays était sous domination anglaise, Cameron Highlands était investi de février à mai par l'élite de Singapour, de Penang, et par les propriétaires des vastes plantations de caoutchouc du sud de la péninsule : les planteurs et les administrateurs coloniaux, les missionnaires et les négociants, épuisés par la chaleur de la plaine, recherchaient désespérément un climat plus frais dans les hauteurs malaises. Son climat permettait la culture des fruits et légumes des pays tempérés ; précautionneusement acheminés vers le sud de la péninsule, ils faisaient les délices des Anglais de Singapour.

Pour des raisons évidentes, le succès de la station s'évanouit brusquement au moment de l'occupation japonaise. La période d'accalmie qui suivit la libération fut de courte durée puisque la situation ne tarda pas à s'assombrir. On entra alors dans la période la plus célèbre de l'histoire malaise, l'«Emergency», qui débuta en 1948 et prit officiellement fin douze ans plus tard. Le gouvernement était menacé par des unités terroristes à la tête desquelles se trouvaient des communistes, anciens résistants pendant la guerre. Ils opérèrent en grande majorité depuis la jungle encerclant les Highlands. Ils organisèrent des embuscades meurtrières contre les forces gouvernementales, détruisant les plantations de caoutchouc pour ensuite se volatiliser dans la jungle qui offre non seulement des milliers de cachettes mais aussi des pistes secrètes d'atterrissage. Aucun rapport ne fait état du nombre de morts lors de ce long et douloureux combat, et nombreux furent lés soldats des deux camps qui disparurent à jamais dans la forêt. Au milieu des années cinquante, le gouvernement prit le dessus et dès 1960, lorsque l'«Emergency» prit officiellement fin, les derniers insurgés furent contraints de se retrancher vers la frontière thaïlandaise, région plus hostile encore. Des rapports continuèrent cependant de mentionner leurs activités révolutionnaires jusqu'en 1967.

L'élimination des terroristes permit un retour au calme et la naissance d'une nouvelle période de prospérité. Les ronces qui avaient envahi les jardins de roses sont arrachées, les bungalows rouverts les uns après les autres ; des promoteurs locaux enthousiastes qualifient la station de «jardin de la Malaisie» et s'attachent à y attirer les voyageurs du monde entier. Le temps du colonialisme est révolu, et les Anglais sont remplacés par de riches Chinois de Singapour et de Penang, par des officiels du gouvernement malais, et par un nombre croissant de touristes des pays voisins. Alors que les Highlands ont surmonté les différents revers de l'histoire et retrouvé leur renommée initiale, un sinistre événement les propulse à nouveau à la une de la presse internationale.

Chapitre 2

Pendant l'«Emergency», le prix des terres chuta. De nombreux propriétaires, que la longue période d'insécurité avait fini par désenchanter, cédèrent leurs terrains au prix imposé par les circonstances. C'est dans ces conditions qu'un couple de Singapour, Monsieur et Madame Ling achetèrent une villa. Le professeur Ling est chinois et sa femme Helen, américaine. Ils se sont rencontrés à New York dans les années vingt, alors que Ling était étudiant en chimie à l'Université de Cornell.

Ils ont vécu en Chine jusqu'à ce que les communistes prennent le pouvoir en 1949. Abandonnant alors la plus grande part de leurs biens, ils partirent d'abord pour Hong-Kong, puis pour Singapour, où le professeur fut engagé par une firme européenne —sa femme ouvrit un magasin d'antiquités et d'objets d'art qui remporta un grand succès. Tous deux prospérèrent et gagnèrent en quelques années suffisamment d'argent pour s'installer dans l'un des quartiers les plus cotés de Singapour et pour s'offrir une résidence dans les Highlands.

Ils acquirent donc un grand terrain en haut d'une colline

escarpée surplombant le terrain de golf, et une charmante villa dans le style Tudor, portant le nom de *Moonlight Cottage*. C'était l'une des deux résidences construites avant la guerre par une compagnie anglaise pour servir de maison de repos à son personnel. L'autre villa, nommée *Starlight*, est proche de la colline, mais n'est pas visible de *Moonlight*, de sorte que toutes deux jouissent d'une intimité appréciable. Au cours du printemps 1967, *Starlight* est utilisée comme lieu de repos et de détente pour les officiers anglais convalescents en permission.

Par rapport à la plupart des maisons de vacances des Highlands, *Moonlight Cottage* est étrangement isolé au milieu de la jungle épaisse. La route sinueuse qui part du terrain de golf se rétrécit peu à peu, jusqu'à ne pouvoir laisser passer qu'une seule voiture. Partiellement goudronnée, elle se termine en cul-de-sac devant la propriété. Seuls quelques sentiers précaires permettent de redescendre la colline. L'isolement de *Moonlight Cottage* joua sans aucun doute un rôle décisif dans le prix auquel la villa et le terrain ont été vendus. Un autre facteur, plus lugubre, peut également avoir eu une influence : des propos circulent affirmant que *Moonlight Cottage* a servi de quartier général aux terroristes, et que le joli jardin près de la véranda a été le théâtre d'exécutions sommaires. Un certain nombre d'habitants rappelleront ces sinistres rumeurs, et un guérisseur soutiendra qu'il y a un lien entre le passé et le mystère qui fait parler de la villa. Les esprits de la jungle, diront-ils, se sentent encore outragés de tout le sang versé à leur porte et se vengent enfin.

Mais malgré les fantômes, il s'avère que les Ling ont fait une bonne affaire. La maison est claire et spacieuse et comporte trois chambres au rez-de-chaussée, chacune pourvue d'une salle de bain ; une grande pièce de réception ornée d'une cheminée ouverte pour réchauffer l'air des Highlands réputé pour sa fraîcheur ; une cuisine moderne, une remise, et des pièces à l'étage servant de rebut et de grenier. Un chemin de gravier, partant de la véranda couverte, longe la pelouse, et mène au bas de la colline. Les vastes dépendances des domestiques, d'où l'on ne voit pas la résidence principale, sont situées à droite de la villa et face à la route. Un grand jardin entoure la maison, où les Ling prévoient de replanter roses et arbustres des zones tempérées, auxquels le climat trop humide de Singapour ne convient pas, et dont ils sont si nostalgiques. La jungle, avec ses mystères et ses dangers, est tenue à distance de l'autre côté de la route et offre un contraste frappant avec la composition ordonnée de la demeure.

Malgré un service aérien régulier pour Kuala Lumpur et pour Ipoh, Cameron Highlands n'est pas suffisamment proche de Singapour pour n'y passer qu'un week-end. Aussi, en attendant la retraite, les Ling pensent n'occuper leur villa que pour les vacances. Ils se sont, par conséquent, mis d'accord avec un Hollandais et sa femme, vivant à Tanah Rata, à qui ils ont confié le rôle d'agent d'immobilier au cas où certaines personnes souhaiteraient louer la maison. Mohammed, un Malais, vit avec sa famille dans les dépendances des domestiques. Il veille sur la propriété et s'occupe de la cuisine et du ménage. Les Ling y viennent quatre ou cinq fois par an, et s'arrangent toujours pour y séjourner pendant le long week-end de Pâques. C'est en effet la saison la plus chaude sur la côte, et donc celle durant laquelle les touristes affluent vers les Highlands. À deux reprises, les Ling ont invité deux fidèles amis de Bangkok pour les vacances, et cette année-là l'invitation a été acceptée une fois de plus.

Il s'agit de Connie Mangskau, propriétaire de l'un des plus prestigieux magasins d'antiquités de Bangkok, et de James H.W. Thompson, connu dans le monde entier comme le fondateur de la prospère industrie de soie thaïlandaise, et comme l'un des Américains les plus intéressants d'Extrême-Orient. Avant la fin du week-end, il deviendra également l'invité le plus célèbre de l'histoire de Cameron Highlands, l'un de ceux dont le souvenir hantera longtemps les lieux.

Chapitre 3

Le jeudi 23 mars, alors qu'il quitte la Thaïlande pour la Malaisie, Thompson a exactement soixante-et-un ans et deux jours. C'est un homme de taille moyenne, aux yeux bleus et à la voix douce. Sa peau est tannée par le soleil du Club sportif royal de Bangkok : à l'heure du déjeuner, il se tient en effet presque toujours au bord de la piscine. Il boit peu et essaye en vain de réduire son importante consommation de cigarettes. Selon son médecin, un Danois nommé Einer Ammundsen (qui, pendant le week-end de Pâques se trouve lui aussi dans les Highlands pour jouer au golf), il est globalement en bonne santé pour un homme de son âge, bien que sujet à des problèmes de bronches (au cours des trois précédentes années, il a contracté deux pneumonies) et souffrant depuis un an de douloureuses crises de calculs biliaires. Son médecin lui a prescrit des pilules à prendre en cas d'alerte, et il envisage à contrecœur de subir une opération chirurgicale. Il garde ses pilules dans une vieille boîte en argent surnommée avec humour par ses amis de Bangkok «la boîte à jungle». C'est un cadeau d'une de ses sœurs et il ne s'en sépare jamais. Plus d'une fois, il s'est exposé à un mauvais rhume ou à une crise hépatique, simplement parce qu'il refuse de ralentir son rythme de vie et cela malgré certains signaux d'alarme. Sa «boîte à jungle» représente ainsi comme une concession à la maladie, puisque comme il l'a compris, ces crises ne se résorbent pas aussi facilement que les rhumes : lors de la première, dans une chambre d'hôtel de Londres, il a cru à une attaque cardiaque et a pensé sa dernière heure venue. Malgré ce genre de tracas, son état général paraît enviable aux résidents de Bangkok les plus vigoureux. Ils s'émerveillent de sa capacité à courir la ville aux heures de chaleur les plus pénibles, de son refus d'installer la climatisation dans sa chambre ou dans son bureau, de la mauvaise grâce qu'il manifeste à l'idée de perdre une partie de son week-end en sacrifiant à la sieste.

Le dimanche, le seul jour de la semaine qu'il ne réserve pas à son travail, il se rend fréquemment jusqu'à l'ancienne capitale thaïlandaise d'Ayutthaya, située à deux heures de route de Bangkok, et passe l'après-midi à errer dans les ruelles surpeuplées du quartier chinois, où les magasins d'antiquités abondent. Il reçoit presque tous les soirs dans sa célèbre maison, invitant entre six et dix personnes. La marche dans la campagne et loin des sentiers battus constitue également l'un de ses passe-temps favoris. Cependant, son activité professionnelle et ses nombreux engagements mondains l'en ont peu à peu détourné durant ces dernières années. La campagne thaïlandaise allie au plaisir de la marche celui de l'exploration de nombreuses ruines. Quelques-unes des plus belles heures de sa vie ont été ainsi occupées, avec des amis tout aussi enthousiastes, à ramper sous la jungle épaisse, à escalader des falaises abruptes pour repérer une grotte dont ils ont entendu parler ou pour profiter d'un point de vue exceptionnel.

Thompson a fait partie de l'OSS pendant la Seconde Guerre mondiale. En tant que membre d'un groupe sélectionné pour être parachuté en Thaïlande, il a suivi dans la jungle de Ceylan un entraînement censé le préparer à la survie dans les forêts tropicales. Grâce à cet enseignement et à ses nombreuses expériences des régions sauvages de Thaïlande, il a acquis un sens de l'orientation et une connaissance de la jungle dont il tire, à juste titre, une certaine fierté. Cette maîtrise s'avéra pourtant inutile lors de son premier séjour dans les Highlands : il était parti se promener seul dans les environs de *Moonlight Cottage* et avait trébuché sur un nid de frelons. Les insectes l'avaient alors rageusement poursuivi, et il ne dut son salut qu'à un ruisseau placé là par un heureux hasard. Lors de son deuxième séjour, il visita à nouveau avec curiosité le théâtre de ce récent incident, et avant de quitter Bangkok en 1967, il confie à quelques personnes qu'il aimerait revoir cet endroit une fois encore.

Le jour de son départ, Thompson est assez fatigué, ce qu'il

reconnaît volontiers. En plus de ses activités habituelles, il n'a eu que quelques semaines pour transférer son entreprise dans un nouveau bâtiment, magnifique copie de l'architecture thaïlandaise du XVIIIe siècle, et a supporté les inévitables tracas qu'impliquent les déménagements. Ces vacances sont donc l'occasion d'un repos bien mérité, quoique bref, puisque le lundi de Pâques, Thompson doit dîner à Singapour avec l'ambassadeur américain et un homme d'affaires qui envisage d'y fonder une industrie textile et sollicite les conseils d'un expert. Ainsi les Ling, Connie Mangskau et lui-même prévoient de quitter les Highlands tôt dans la matinée, et de redescendre la péninsule en voiture.

Mi-Anglaise, mi-Thaïlandaise, Connie Mangskau, la compagne de voyage de Thompson, est âgée de cinquante-neuf ans. Veuve, elle a été mariée à un Norvégien. Les deux amis se sont rencontrés en 1945 : l'Américain venait d'arriver en Thaïlande avec l'armée, tandis que la jeune femme était interprète pour les Forces alliées. Il l'a aidée au moment où elle a ouvert son premier magasin dans le vieil *Oriental Hotel*. Son affaire prit une si belle ampleur qu'elle est devenue l'une des deux ou trois antiquaires les plus en vue de Bangkok. L'affection qu'ils éprouvent l'un pour l'autre n'a rien d'ambiguë, même si par la suite les rumeurs leur prêteront une liaison amoureuse. Ils ont beaucoup d'intérêts et d'amis en commun, et parfois, lorsque leurs obligations respectives le leur permettent, ils partent en voyage ensemble. Ainsi, ils sont allés au Moyen-Orient et en Europe. Thompson, qui a divorcé en 1946, est considéré comme un parti enviable — sa fortune, placée essentiellement en Amérique, est estimée à environ un million de dollars.

Chapitre 4

Le début du voyage pour la Malaisie se déroule dans une certaine confusion, ce qui n'a rien d'exceptionnel pour Thompson. En effet, malgré son expérience considérable des déplacements, il se préoccupe peu des diverses formalités à accomplir et les remet toujours au dernier moment. Lorsqu'ils arrivent à l'aéroport pour s'envoler vers Penang où ils ont décidé de passer la nuit, il s'aperçoit qu'il a oublié de se faire vacciner contre le choléra, condition nécessaire pour entrer en Malaisie ; de même, il a omis de faire établir le certificat de mise à jour fiscale, obligatoire à la sortie du territoire. Ces deux négligences pouvaient compromettre son départ en vacances, mais il est chanceux (ou malchanceux). Un représentant de la santé conciliant le vaccine sur place et antidate le certificat de façon qu'il soit conforme aux six jours de délai obligatoires. Sa compagne de voyage demande au docteur «d'injecter une faible dose» pour éviter toute réaction. Elle se porte garante, pour régler le problème de mise à jour fiscale, au cas où Thompson omettrait de payer ses impôts. Il emporte environ cent dollars US, ce qui doit lui suffire pour la semaine à venir puisque le séjour aux Highlands et la visite à Singapour n'entraîneront que peu de dépenses.

Ni l'un ni l'autre ne connaissent Penang, île agréable et légèrement décadente, teintée d'une certaine nostalgie. Lors de leurs deux dernières visites aux Highlands, ils ont transité par Kuala Lumpur. Cette fois-ci, ils ont prévu de s'arrêter une nuit à George Town, la capitale, et de louer un taxi pour faire la route jusqu'à *Moonlight Cottage* où les Ling les attendent en fin d'après-midi le lendemain.

Le couple descend à l'*Ambassador*, l'un des hôtels les plus récents de Penang, ce que Thompson regrette lorsqu'il aperçoit le *Eastern and Oriental Hotel*, vieille construction chaotique dans le style colonial correspondant davantage à ses goûts. Gardant le taxi pris à l'aéroport, ils effectuent le tour de l'île sans faire de halte. Ils regagnent ensuite l'hôtel afin que Thompson se fasse couper les cheveux et règle les derniers détails avant le départ. Puis, ils dînent dans un restaurant indien avant d'aller se promener. Le lendemain matin, ils réservent un taxi, font quelques emplettes et tentent, en vain, puisque c'est Vendredi saint, de joindre l'agent de Thompson à Bangkok. Ils prennent leur taxi un peu après onze heures et arrivent à *Moonlight Cottage* vers cinq heures trente.

En analysant de nouveau les événements depuis leur départ de Bangkok jusqu'à leur arrivée à la villa, Connie Mangskau n'en discernera que trois pouvant être suspects. La décision inattendue de Thompson de s'occuper de sa coiffure dès leur arrivée à Penang. Lorsqu'ils se sont retrouvés autour d'un cocktail, après cette séance chez le coiffeur, Connie Mangskau considère cette épisode comme un caprice ; elle est simplement un peu ennuyée d'avoir eu à abréger leur promenade pour un motif aussi futile, à priori sans réelle signification. L'incident prendra de l'importance par la suite parce qu'il s'agit du seul moment où Thompson s'est retrouvé seul, les nuits mises à part. De nombreuses théories prendront appui sur ce fait pour expliquer sa disparition.

Les deux autres incidents semblent, à première vue, revêtir une plus grande portée. Tous deux se déroulent lors du voyage entre Penang et les Highlands. Le premier a lieu à George Town alors qu'ils approchent du ferry reliant le continent. Sans prévenir, le chauffeur stoppe, descend du véhicule, puis s'engouffre aussitôt dans un immeuble. Il s'absente environ cinq minutes et surgit accompagné d'un homme, le nouveau chauffeur. Thompson et Connie Mangskau ne cherchent nullement à comprendre les raisons de cette substitution. Mais ce qui se passe par la suite les contrarie bien davantage : à Tapah, la petite ville à partir de laquelle la route amorce sa montée vers les Highlands, on les enjoint cette fois non seulement de changer de chauffeur mais aussi de véhicule. On leur explique que le moteur a des problèmes et qu'il refuse de grimper. Ils acceptent assez facilement de se transporter dans un autre taxi, mais Connie Mangskau hésite lorsqu'on lui propose de le partager avec deux Chinois ; ils ont commandé et payé un véhicule privé, insiste-t-elle, et le fait d'être cinq ne peut que rendre pénible un voyage qu'ils souhaitent reposant. Après une brève discussion, le chauffeur décharge les bagages des passagers étrangers, et ils poursuivent donc seuls leur voyage.

Les éventuelles implications de ces deux péripéties ne manqueront pas d'être relevées. Le *New York Times*, dans un long article consacré aux rumeurs du moment, suggérera qu'il pouvait s'agir d'une tentative d'enlèvement ayant avorté devant la détermination de Connie Mangskau à se débarrasser des deux Chinois. Il faudra plusieurs jours aux commissions d'enquête malaises pour dissiper le mystère. Le premier changement est dû au fait que le chauffeur d'origine ne possède pas le permis lui permettant d'aller plus loin : il a, par conséquent, remis son taxi à un ami détenant cette autorisation. Quant au changement de voiture, il est courant que les chauffeurs de Penang, tout comme ceux de Kuala Lumpur, passent par Tapah pour économiser de l'essence. L'année précédente, cela était arrivé à l'assistant de Thompson à la Thaï Silk Company, Charles Sheffield, et arrivera plus tard à certains enquêteurs se rendant aux Highlands. Quoi qu'il en soit, au moment où ces explications hâtives seront données, les premières spéculations ont déjà germé dans plusieurs esprits fertiles et bientôt porteront leurs fruits.

Chapitre 5

Monté seul en voiture depuis Singapour, le professeur Ling parvient à *Moonlight Cottage* environ un quart d'heure avant les deux amis. Sa femme, retardée par son travail, a pris l'avion jusqu'à Ipoh et arrive vers vingt heures. Tous se séparent assez tôt, peu après le dîner.

Le lendemain matin, Thompson est le dernier à se lever, affirmant qu'avec l'âge il dort de mieux en mieux, il paraît reposé et d'excellente humeur. Pendant le petit déjeuner, le professeur Ling annonce qu'il a découvert une nouvelle piste menant aux terrains de golf et, bien évidemment, Thompson se montre impatient de la découvrir. Les femmes sont moins enthousiastes : elles déclarent vouloir prendre la voiture pour descendre, et qu'elles les retrouveront au club de golf à onze heures. Thompson et le professeur ne tardent pas à se mettre en route, tandis que les deux femmes attendent dix heures avant de partir pour faire quelques courses à Tanah Rata. Elles se rendent au club à l'heure convenue, et rencontrent le professeur Ammundsen et quelques autres amis venus de Bangkok pour jouer au golf, mais aucune trace de Thompson et du professeur. Peu de temps après avoir quitté la maison, ils se sont en effet perdus dans les broussailles de la colline et, comble de malchance, le professeur Ling a trébuché sur une racine et s'est déchiré un ligament. Thompson tenait là l'occasion de mettre à l'épreuve sa connaissance de la jungle. Il a repéré un ruisseau et, en suivant son cours sinueux, a fini par aboutir dans des lieux plus familiers. L'incident a quelque peu secoué le professeur Ling, alors qu'il semble avoir plutôt stimulé Thomspon, ce qui est conforme au personnage.

Après un verre réconfortant au club, ils remontent au cottage, déjeunent et se retirent pour se délasser. Les Ling partagent une grande chambre à l'angle de la maison, qui donne sur le jardin et sur le chemin de gravier menant à la route dévalant la colline. Lorsqu'ils se reposent dans l'après-midi, ils ont l'habitude de garder les fenêtres ouvertes pour profiter de l'air frais. Connie Mangskau occupe une chambre plus petite, attenante à la leur, et Thompson loge dans une pièce au fond de la maison.

A-t-il passé tout l'après-midi dans sa chambre ? Les Ling et Connie Mangskau en sont persuadés, bien qu'ils admettront que Thompson ait pu facilement sortir sans se faire remarquer. Les Ling n'entendent rien de suspect par la fenêtre ouverte. Tout le monde se retrouve pour le thé à seize heures et inspecte le jardin, pour lequel Thompson a apporté des bulbes d'amaryllis. Ils dînent assez tôt, puis regagnent leurs chambres respectives.

Alors qu'elle se terminera dans l'horreur, la journée du lendemain commence de la manière la plus paisible qui soit. Depuis des années, les Ling ont établi une tradition aux Highlands : on assiste à la messe de Pâques dans la petite église de Tanah Rata, on déjeune, puis on termine l'après-midi dans le calme. Cette année-là, cette coutume s'est trouvée légèrement modifiée : après la messe, les Ling ont décidé d'emmener leurs invités pique-niquer dans un endroit touristique, à l'intérieur d'une réserve militaire non loin de *Moonlight Cottage*. C'est un site charmant, avec de jolies vues sur les alentours, choisi spécialement pour Thompson. Alors que chacun se prépare pour le départ vers Tanah Rata, Thompson exprime le souhait de marcher jusqu'au bas de la colline où il attendra ses amis. Il s'éclipse donc et, cette fois, ne s'écarte pas des allées tracées, pour ne pas abîmer son costume de soie bleu foncé. Cette marche matinale est un point capital puisqu'elle infirme l'une des idées couramment répandues selon laquelle Thompson ne s'est jamais trouvé seul hors de *Moonlight Cottage*. C'est également un point important dans la mesure où quelques-unes des théories les plus tenaces affirmeront qu'il était étroitement surveillé par des gangsters attendant le moment propice pour le kidnapper. Or les conditions idéales pour un enlèvement sont réunies ce matin-là : non seulement Thompson est seul pendant douze ou quinze minutes, mais en plus il n'est pas visible de la maison. Seul un groupe informé et extrêmement organisé pourrait tenter une action à ce moment-là.

Mais rien de tel ne se produit puisque Thompson est bien au rendez-vous, près du terrain de golf. Tous se rendent à Tanah Rata, assistent à l'office religieux et, après avoir acheté quelques journaux, reviennent au cottage prendre livraison du pique-nique, déjà prêt et emballé. Il advient alors quelque chose d'assez curieux,. ou qui du moins semblera curieux rétrospectivement. Thompson, bizarrement, paraît avoir perdu son enthousiasme à l'idée de ce repas en plein air. Il suggère que le jardin ferait tout aussi bien l'affaire, et que ce serait beaucoup plus pratique. Les autres s'en tiennent cependant au projet initial, et il les suit donc sans protester davantage. Le lieu choisi est situé sur un large plateau, à environ trois quart d'heure de voiture de *Moonlight Cottage*. Connie Mangskau a apporté un appareil-photo et prend quelques clichés. Ce sont les images typiques des déjeuners sur l'herbe : la nappe étalée, la bouteille thermos, le panier, une atmosphère d'après-midi tranquille et détendu. Ce que les photographies ne disent pas, mais que les convives remarquent parfaitement, c'est la nervosité de Thompson. Il semble impatient que le repas s'achève. À peine la dernière bouchée est-elle avalée, qu'il rassemble les affaires et les range dans le panier. Il refuse de prendre de la bière, prétextant qu'il n'aime pas boire au milieu de la journée. Les autres supposent qu'il est fatigué, peut-être à cause de sa promenade, et qu'il souhaite se reposer. Après tout, c'est son dernier jour de liberté : ils partent pour Singapour très tôt le lendemain, et une foule d'obligations sociales et professionnelles l'attendent là-bas. Ils réunissent donc les divers objets, et quittent les lieux. À quatorze heures, ils sont à *Moonlight Cottage*. Le professeur Ling note l'heure car il jette, par hasard, un coup d'œil à sa montre, en s'étonnant qu'ils soient si vite de retour.

Durant le trajet, Connie Mangskau a exprimé son intention de faire une sieste et tous, Thompson compris, ont approuvé son idée. Aussi, aussitôt arrivés, Connie Mangskau et les Ling se dirigent directement vers leurs chambres. Thompson est au salon, s'apprêtant apparemment à faire de même.

Ce sera la dernière vision que les Ling auront de lui.

Ce qui se passe au cours de la demi-heure suivante donnera matière à plusieurs hypothèses, mais quelques points peuvent cependant être établis avec certitude. Un élément permet d'affirmer que Thompson n'a certainement pas fait la sieste : son lit n'a pas été défait, et il ne s'y est visiblement pas allongé. Il s'est probablement assis sur la pelouse, au soleil ; en effet, peu après quinze heures, les Ling, qui ne dorment pas, perçoivent le bruit d'une chaise longue d'aluminium que l'on installe sous la véranda. Peu de temps après, un bruit de pas sur le chemin de gravier leur parvient à travers la fenêtre ouverte. Helen Ling certifiera plus tard que ce n'était pas les pas d'un Asiatique mais ceux d'un Européen : elle est sûre de pouvoir faire la différence.

Ils n'entendent en revanche aucun son de voix, nul bruit succédant aux pas. Ils imaginent que Thompson part simplement se promener, comme lors de ses deux précédentes visites, et ils ne se soucient pas de regarder au dehors. S'ils l'avaient fait, cela aurait pu avoir une influence considérable sur les événements qui allaient s'abattre sur eux et sur leur paisible demeure. Mais peut-être pas. Peut-être que s'ils avaient regardé par la fenêtre, ils n'auraient rien vu d'anormal : juste leur vieil ami de Bangkok, seul, s'apprêtant à faire une balade dans la clarté de l'après-midi, aussi peu conscient qu'eux du nouveau chapitre qui allait s'ajouter à une vie déjà extraordinaire.

LA PREMIÈRE LÉGENDE

Chapitre premier

En 1957, Somerset Maugham se rend une dernière fois en Extrême-Orient, et décide de faire étape dans la plupart des lieux évoqués dans ses récits et ses romans des années vingt et trente. Il fait escale à Bangkok (qui sert de décor à son roman *Un gentleman en Asie*[1]) et, comme la plupart des touristes distingués de l'époque, est invité à dîner dans la célèbre maison thaïlandaise de Thompson, construite une dizaine d'années auparavant. La seule trace des impressions de l'écrivain concernant cette soirée est un bref mot de remerciement adressé à son hôte comportant cette remarque typiquement maughamienne : « Vous ne possédez pas seulement de belles choses, vous avez, et c'est plus rare, le don de les mettre en valeur sans faute de goût ». Mais on peut affirmer sans risque que le vieil homme a reconnu en Thompson un personnage familier, qui le renvoie à cette nostalgie dont son voyage est imprégné.

L'homme en apparence banal qui, pour des raisons obscures et souvent inexplicables, renonce brusquement à son univers familier et rassurant pour tout recommencer dans un milieu étranger, est un thème récurrent dans l'œuvre de Maugham, et plus particulièrement dans ses nouvelles. Au cours de ses premiers voyages, l'écrivain a rencontré plusieurs figures de ce genre qui n'ont jamais cessé de le fasciner. Il décèle en eux une dimension mystérieuse et romanesque et, récit après récit, recherche des explications à leur étrange comportement. Son étude la plus complète dans ce domaine est sans aucun doute *L'envoûté*[2], ouvrage qui s'inspire de la vie de Paul Gauguin. Le héros, Charles

1. Titre original : *A Gentleman in the Parlour.*
2. Titre original : *The Moon and Six Pence* (1919) - *L'envoûté* fut traduit de l'anglais par E.R. Blanchet, UGE, coll 10/18.

Strickland, abandonne un métier honorable, sa famille et ses amis, pour se consacrer à la peinture dans une île des mers du Sud. Un passage du roman semble donner une définition précise de tous ces personnages solitaires qui trouvent leur accomplissement dans des pays exotiques. Le narrateur, essayant de comprendre la remarquable adaptation de Strickland à ce lieu étranger et lointain, écrit : «Je pense que certains hommes ne sont pas nés là où ils devaient naître. Le hasard les a jetés à un endroit, mais ils ont toujours la nostalgie d'une patrie qu'ils ne connaissent pas. C'est peut-être ce sentiment d'étrangeté qui les pousse si loin, en quête d'un port d'attache auquel ils pourraient s'amarrer. Parfois, un homme découvre un endroit et se sent alors mystérieusement chez lui. C'est là la maison qu'il cherchait et il s'installe dans un décor qu'il n'a jamais vu, entouré de gens qu'il ne connaît pas, comme si tout cela lui avait toujours été familier.»

Le voyage vers le pays que James Harrison Thompson va instinctivement élire comme le sien commence dans un décor aussi différent que possible de l'exotique demeure dans laquelle il recevra Maugham quelques années plus tard. Il naît le 21 mars 1906, dans la riche commune de Greenville, près de Wilmington. C'est le plus jeune des cinq enfants d'une famille relativement aisée, profondément enracinée dans l'histoire de la région, et jouant un rôle important dans le Delaware.

Le plus intéressant de ses ancêtres semble être son grand-père maternel, James H. Wilson, dont il porte le prénom. En 1860, celui-ci obtint le titre d'ingénieur à West Point. Il y fut reçu sixième sur quarante-et-un, et partit en mission en Oregon peu après. Cet État était alors un territoire presque vierge, et Wilson était chargé de tracer une route reliant Puget Sound à la rivière de Columbia. Durant la guerre de Sécession, sa carrière militaire prit rapidement son essor. À vingt-sept ans, il fut nommé chef d'escadron dans la cavalerie. C'était l'un des intimes du général Grant. Selon un historien, sa première rencontre avec ce dernier ne fut pourtant pas très positive : «L'allure du général était désespérément civile, il n'avait rien d'un militaire et on l'aurait facilement pris pour un épicier. Un membre de son contingent s'était approché du nouveau venu en murmurant que le général se porterait mieux si on parvenait à l'empêcher de céder à ses "mauvaises habitudes", c'est-à-dire à l'empêcher de boire.» Wilson prit cependant vite conscience du charisme de Grant, acquit sa confiance et devint un membre précieux de son unité. Il se battit pendant toute la guerre, remportant sa plus grande victoire à la bataille de Selma, en Alabama. Le soir de la capture de Jefferson Davis, à laquelle il avait activement participé, les deux hommes évoquèrent leurs souvenirs de West Point, où Davis avait jadis été superintendant.

Grâce à ce genre de distinction militaire, doublée de son amitié pour le futur président, James H. Wilson pensait obtenir un grade élevé à Washington, mais les deux hommes se brouillèrent et tous ses espoirs furent alors anéantis. Inébranlable, il entreprit une carrière nécessitant d'incessants voyages ; ingénieur, il écrivit et se battit de temps à autre. Il voyagea pendant un an à travers la Chine pour explorer les possibilités de construire un chemin de fer. Il écrivit un livre qui obtint un vif succès, *Voyages dans l'Empire du Milieu*, ainsi qu'une autobiographie en deux volumes, *Sous le Vieux Drapeau*, relatant son expérience de la guerre de Sécession et donnant son avis sur les généraux de l'époque.

C'est indirectement par l'intermédiaire du général Wilson que la famille s'introduit en Thaïlande ou, comme on disait alors, au Siam. Juste avant son voyage en Chine, Wilson s'était rendu en Angleterre en tant que représentant du président Cleveland pour assister au mariage du futur roi Georges V et de la princesse Marie de Teck. Il y rencontra le prince de la couronne siamoise, Vajiravudh, fils du roi Chulalongkorn, qui devint son ami. Le prince se lia également d'amitié avec la fille du général, Elinor, et l'invita à passer les fêtes de fin d'année à Oxford où il était alors étudiant.

Quelques années plus tard, le prince Vajiravudh effectua son premier voyage officiel aux États-Unis, et le général Wilson fut sollicité pour lui servir de guide. À cette occasion, on organisa une garden-party dans la maison de campagne des Thompson, à côté de Greenville. Il en reste des photos où l'on voit le prince s'amuser sur la balançoire de l'un des petits-enfants de Wilson. Thompson n'était pas encore né, mais l'une de ses sœurs participa à la fête et en gardera un vif souvenir. Enfant, Thompson aimait beaucoup contempler ces clichés un peu jaunis, et entendre raconter l'histoire de la fête donnée pour ce jeune homme, le roi Rama VI de Siam. Quelque quarante ans plus tard, dans le propre pays du roi, Thompson prendra ses repas sur deux tables de jeu initialement créées pour le palais du roi Chulalongkorn.

Le général Wilson mourra en 1922, alors que Thompson n'a que seize ans. S'il est impossible d'affirmer qu'il a eu une influence directe sur sa carrière en Asie, on peut cependant dire que le jeune homme est fasciné par le passé de son grand-père, et plus tard il sera véritablement ensorcelé par son livre sur la Chine. Son attirance pour les contrées lointaines n'est certainement pas étrangère au général, ainsi, peut-être, que sa passion pour la marche et l'exploration. Il lui doit aussi ses visites répétées chez le dentiste ; le vieil homme avait, en effet, l'habitude de distribuer avec largesse des bonbons à ses petits-enfants. Le but de cette générosité n'était pas de gagner leur affection : lors des mois passés dans le bataillon de Grant, il avait découvert que les bonbons aidaient son supérieur à réduire sa consommation d'alcool. C'est ainsi qu'il avait acquis la conviction que les sucreries sont un remède efficace contre l'alcoolisme.

La mère de Thompson était, aux dires de tous, une très belle femme qui recevait fréquemment et avec prodigalité, régnant en arbitre sur la société de Wilmington. Intelligente et volontaire, elle avait une opinion arrêtée sur certaines questions, notamment sur le vote des femmes, qu'elle condamnait sans appel. Ainsi, elle se rendit plusieurs fois à Dover, la capitale d'État, pour rencontrer les autorités et débattre avec elles de ce sujet brûlant. L'État du Delaware ne ratifia pas le droit de vote des femmes en partie sous l'effet de son pouvoir de persuasion. Le père de Thompson, Henry B. fut moins présent dans l'enfance de son fils puisqu'il travaillait à New York et ne rentrait chez lui que le week-end. Il était président de l'entreprise United States Finishing Company, dont les usines de Rhode Island et du Connecticut étaient spécialisées dans l'impression sur textile. Comme un membre de la famille le résume aujourd'hui : «Il ne s'agissait pas là d'une industrie de luxe.» L'accent était mis sur la production de masse, une société fort différente de celle qu'allait fonder Thompson.

L'intérêt de son père pour l'architecture et l'art des jardins a certainement marqué Thompson. Celui-ci n'avait étudié ni l'un ni l'autre mais selon l'une de ses filles, «il en savait autant que n'importe quel spécialiste». Sa connaissance dans ce domaine lui permit d'accéder au poste de président du Comité d'aménagement du paysage urbain de l'université de Princeton, dont il fut l'administrateur durant vingt-cinq ans. C'est durant cette période que beaucoup de constructions de style gothique s'ajoutèrent au campus. Sa fille cadette, Elinor, suivra son exemple et se passionnera pour l'art des jardins, tandis que Thompson entreprendra des études d'architecture.

Thompson passe son enfance dans une grande maison au milieu des vastes champs des environs de Greenville. Ses sœurs aînées, Mary et Katherine, de même que son frère Henry, sont pensionnaires. L'éloignement de ceux-ci et le peu de différence d'âge qu'il y a entre lui et Elinor contribuent à les rapprocher. Ils ont plusieurs gouvernantes, dont une Suissesse avec laquelle Thompson apprend le français. Cette langue, dont il ne perdra jamais le goût, lui sera d'ailleurs utile par la suite, dans l'armée et en Thaïlande, beaucoup de ses amis venant des anciennes colonies françaises du Vietnam et du Laos. Vers onze ans, il se passionne pour l'élevage des coqs nains, ce qui l'amène par la suite à voyager le long de la côte Est : l'exhibition de ses coqs dans les foires lui valent plusieurs prix et il rédige même une brochure sur le sujet pour le ministère de l'Agriculture américain.

Thompson fréquente l'école publique de Wilmington, puis l'internat Saint-Paul. Il est doué pour le sport et plus particulièrement pour l'aviron. Il entre à l'université de Princeton en 1924 et en sort diplômé quatre ans plus tard. Il s'intéresse à l'art et pourrait devenir un peintre talentueux s'il voulait s'en donner la peine. Il choisit cependant de devenir architecte, entre à l'université de Pennsylvanie, mais n'obtient jamais son diplôme, découragé par deux échecs successifs à cause de l'algèbre.

D'abord enfant, puis vers vingt ans, Thompson se rend en

Europe, accompagné de sa famille ou de ses amis. Mais jamais lors de cette période, il ne manifeste d'intérêt particulier pour l'Asie. Katherine rétablit indirectement les liens avec l'Asie en épousant, en 1922, le fils du général Leonard Wood, alors gouverneur général des Philippines.

De 1931 à 1940, Thompson est architecte pour la société new-yorkaise Holden Mc Laughlin, bien qu'il n'ait pas réussi non plus à obtenir le diplôme de l'école de New York. Cet échec, qui limite considérablement sa carrière, ne l'empêche pas de mener une vie professionnelle très active. Son tout premier projet est déjà assez original : un mélange entre toilettes publiques et kiosque à musique dans la station balnéaire de Rehoboth, dans le Delaware, où sa mère a fait construire une grande maison face à la mer, nommée «Mon Plaisir». La famille Thompson y passe régulièrement les mois de juin et de juillet. Cette œuvre est connue du public, non pour ses qualités esthétiques, mais parce qu'elle figure sur l'une des cartes postales que les touristes envoient durant l'été.

Les toilettes publiques ne sont pas devenues pour autant la spécialité de Thompson. Il préfère concevoir des maisons de campagne de style traditionnel — colonial et géorgien principalement. Il dessine ainsi les plans d'un très grand nombre de demeures — qui font encore la fierté de leurs propriétaires — en Pennsylvanie, dans le Delaware, dans le New Jersey, en Virginie et dans le Maryland, souvent pour des amis. Il imagine les jardins, et aide à la décoration intérieure. La maîtrise avec laquelle il marie les couleurs est évidente dans ses derniers travaux. Ses amis new-yorkais se souviennent de lui comme d'un jeune homme élégant, enjoué, aimant les fêtes et semblant apprécier son métier. Jamais il ne manquerait un bal donné à New York ou à Philadelphie. De ces années de crise économique, il leur reste avant tout le souvenir de nombreuses réceptions mondaines ; Thompson y tient le rôle du jeune célibataire insouciant, toujours prêt à danser, à se rendre au spectacle ou à aller chasser le renard. On lui attribue sans cesse de nouvelles conquêtes auprès de belles héritières mais ces rumeurs de mariage ne sont jamais confirmées par les faits.

Une fois en Thaïlande, Thompson n'évoquera que rarement sa vie à New York. En effet, il ne se sentira plus guère de points communs avec le personnage qu'il a été. Sa vie à New York n'a pas été un échec, contrairement à ce qui a été dit. Il jouit alors d'une situation brillante et de revenus confortables grâce à l'héritage d'un cousin de son père. Il possède beaucoup d'amis, talentueux et gais, et ses fiancées lui sont jalousées. Pourtant, pour des raisons que lui-même ne pourrait probablement pas formuler, Thompson n'est pas totalement heureux. Sa passion pour les ballets constitue le seul souvenir de ses années new-yorkaises auquel il fera souvent allusion avec ses amis de Thaïlande. Lors de l'un de ses premiers voyages en Europe avec sa famille, il assiste à un spectacle de la troupe Diaghilev alors à l'apogée de sa gloire. Il est extrêmement impressionné par les parures et les costumes des danseurs. Sa mère lui offre alors un livre sur les costumes de Léon Bakst, ouvrage sur lequel il est tombé par hasard dans une librairie parisienne, et qui représente désormais l'un de ses biens les plus précieux. La mise en scène des ballets l'intéresse bien plus que la danse elle-même. Cet engouement se confirme à New York et, à la fin des années trente, il devient directeur du Ballet de Monte-Carlo, alors attaché aux Ballets Russes. Cette troupe annonce déjà le fameux ballet de New York. Des artistes, tels que Vera Zorina, George Balanchine et Tamanouva, travaillent avec cette companie. L'association de Thompson avec la troupe ne dure que quelques années, mais cette expérience est, à bien des égards, décisive. Il a mit à profit son talent de coloriste et s'est attaché aux membres de la troupe. Lorsque cette collaboration prend fin, son sentiment d'insatisfaction ne cesse de croître.

À la fin des années trente, certains événements modifient la façon dont ce jeune architecte conçoit le monde et envisage sa vie : d'une part, la conflagration européenne, et sa conviction que l'Amérique va, tôt ou tard, entrer dans la guerre. D'autre part, son désintérêt pour la vie mondaine et son besoin de changement. Il passe du Parti républicain à celui des démocrates, se détache des jeunes gens futiles dont il avait fait ses amis et s'engage dans le régiment des gardes nationaux du Delaware.

Chapitre 2

Malgré son âge et son passé, Thompson se sort assez bien des épreuves d'entraînement militaire qu'on lui fait subir, et lors de l'attaque de Pearl Harbour, il est déjà sous-officier. Il suit la formation de l'École des officiers de Floride et, après avoir obtenu son nouveau grade, il est assigné à l'unité d'artillerie côtière de Wilmington, en Caroline du Nord.

Un an environ après le début de la guerre, il fait la connaissance d'Edwin Black, un gradé de West Point, qui est alors membre du très récent Bureau des services stratégiques implanté à Fort Monroe, en Virginie. Cette rencontre bouleverse sa vie. Dans un premier temps, Edwin Black le persuade de demander son transfert à l'OSS, ce qui lui permettrait d'être plus actif dans la guerre. Puis il le présente à une grande et élégante jeune femme, ancien mannequin, qui obtient ce qui était resté inaccessible aux débutantes de Wilmington et de Philadelphie. Non seulement Pat Thraves est blonde et belle, mais elle s'intéresse également à l'art. Thompson décide alors d'enterrer sa vie de garçon, et ils se marient en 1942.

Après seulement six mois de vie conjugale, passés en majeure partie à Washington, Thompson est envoyé au-delà des mers. En tant que membre de l'OSS, il doit en effet coopérer avec les forces françaises en Afrique du Nord. Il traverse l'Italie jusqu'à la France, suivant les mouvements de débarquement. Sa mission est secrète, de sorte que, même après la guerre, il n'en parlera jamais à sa famille.

Si le conflit en Europe avait duré quelque deux ou trois mois de plus, sa vie aurait certainement pris une tournure différente ; il est en effet assez improbable qu'il aurait alors atteint de lui-même la Thaïlande. Il ne pensait pas être dépêché dans ce pays lorsque, peu après le jour de la victoire, il s'engage pour partir dans le Pacifique. Assigné dans la vaste zone «Chine-Inde-Birmanie», il aurait pu être appelé dans l'un des douze autres pays inclus dans cette destination, plutôt que dans celui dont il allait faire sa patrie. Si le destin a joué un rôle dans le développement de l'industrie de la soie thaïlandaise et dans la transformation de Thompson en légende vivante, ce fut sous les traits d'un quelconque officier de l'armée qui décida qu'un certain capitaine Thompson rejoindrait le contingent de l'OSS préparant l'invasion de la Thaïlande.

Ce pays est alors considéré comme l'ennemi des Alliés. En 1941, alors que les Japonais préparent leur marche sur l'Asie du Sud-Est, ils ont enrôlé les Thaïlandais presque malgré eux en leur faisant miroiter quelques territoires d'Indochine, et en les menaçant implicitement d'occuper leur pays s'ils refusent de coopérer. La Thaïlande, cas unique dans cette région du monde, est indépendante depuis sa constitution en nation, et ne tient pas à se voir privée de sa liberté. C'est pourquoi le gouvernement déclare la guerre à l'Angleterre et aux États-Unis au début de l'année 1942. À Washington, le perspicace secrétaire d'État, Cordell Hull, refuse d'accepter la déclaration, au grand soulagement de l'ambassadeur thaïlandais, qui s'empresse de constituer un groupe anti-japonais, les «Free Thaï». Une unité semblable est formée en Angleterre, où vivent alors de nombreux ressortissants de ce pays. Initialement, ces deux forces sont constituées d'étudiants, de diplomates et de quelques réfugiés politiques, mais elles sont très vite rejointes par un puissant mouvement clandestin dont le bureau central se trouve à Bangkok. La branche locale est alors dirigée par un brillant élément dont le nom de code est «Ruth». En 1945, lorsque Thompson se rendra pour la première fois en Asie, les «Free Thaï» sont une organisation complexe qui travaille en collaboration étroite avec l'OSS et ont des agents secrets un peu partout dans la capitale thaïlandaise.

Peu après la fin de la guerre en Europe, Thompson est envoyé sur l'île de Catalina, au large de la côte californienne, pour suivre la première partie d'un rude programme de préparation à sa mission en Thaïlande. Il doit être parachuté juste derrière les lignes ennemies, aussi l'accent est-il mis sur les techniques de survie. On l'abandonne donc dans une île déserte pour éprouver ses capacités à se tirer d'affaire. Puis, en juin 1945, on l'expédie à Ceylan, dans le Trincomali. (Le public découvrira la jungle luxuriante et les gorges magnifiques de cette région, une vingtaine d'années plus tard, grâce au film *Le Pont de la Rivière Kwaï* dont l'histoire se déroule, par ironie du sort, en Thaïlande). Thompson se retrouve parmi des soldats qui se sont eux aussi portés volontaires pour être parachutés en Thaïlande et prendre part à ce qu'ils pensent être la libération, plutôt que l'invasion, du pays. La seconde partie du programme consiste à leur faire subir un entraînement militaire d'une extrême rigueur. Pendant près de deux mois, ils apprennent ainsi à se frayer un chemin à travers la jungle impénétrable de l'île, à reconnaître les plantes comestibles, à escalader des falaises abruptes et à franchir des fleuves sournois, à s'orienter dans un monde humide et vert où le danger et la mort sont omniprésents. Cet environnement sauvage et impressionnant est semblable à celui de Cameron Highlands, où Thompson se retrouvera en 1967.

Malgré son âge (il approche de la quarantaine), il accomplit brillamment sa mission, et rencontre un autre Américain, Alexander MacDonald, ancien «marine» qui a visité autrefois la Birmanie, lui aussi volontaire. Les deux hommes seraient tombés des nues si, pendant cet été épuisant, on leur avait dit qu'ils feraient carrière dans le pays qu'ils projetaient d'envahir.

Les contingents dirigés vers la Thaïlande sont divisés en plusieurs cellules envoyées dans différentes régions du pays. Thompson est à la tête d'un groupe devant être parachuté pendant la deuxième quinzaine du mois d'août dans le nord-est du pays, non loin de la frontière laotienne. À ce moment, seules quelques personnes sont assez optimistes pour penser que le Japon capitulera facilement. La bombe atomique vient d'être lâchée sur Hiroshima, mais cela ne suffit manifestement pas à faire céder les dirigeants nippons : ils clament leur intention de se battre jusqu'au dernier souffle. Ceux qui partent pour la Thaïlande s'attendent donc à une lutte longue et ardue.

La réalité, bien que suffisamment dramatique, doit leur

sembler presque décevante après tout cet entraînement. En vol vers leur destination, un message-radio leur annonce que le Japon a capitulé, et qu'ils doivent se poser à Rangoon où ils recevront de nouvelles instructions. Quelques jours plus tard, les ordres tombent : Thompson, MacDonald et les autres doivent se rendre à Bangkok, et y rester sous la surveillance de leurs anciens ennemis.

Chapitre 3

Ce livre ne se propose pas de donner une histoire détaillée de la vie politique thaïlandaise d'avant et d'après-guerre, mais une brève récapitulation de cette période et de ses acteurs principaux semble nécessaire pour comprendre le pays que Thompson va découvrir.

En 1932, la monarchie absolue, installée depuis des siècles en Thaïlande, prend fin lorsqu'un groupe de jeunes gens, éduqués pour la plupart à l'étranger, organisent un coup d'État et établissent une monarchie constitutionnelle, inspirée de celle de l'Angleterre. Deux des insurgés impliqués dans cette affaire marqueront la vie du pays pour plusieurs années, malgré des divergences d'opinion de plus en plus marquées. Il s'agit de Luang Pibul Songgram, commandant dans l'armée au moment du coup d'État, et de l'avocat, Pridi Panyomyong. Le roi Rama VII finit par abdiquer en 1935, non pas parce qu'il désapprouve l'idée d'un gouvernement constitutionnel, mais parce qu'il se méfie des idéaux qui poussent les hommes à prendre le pouvoir en son nom. Le souverain décide alors de s'établir en Angleterre, où il meurt en 1941, sans héritier et sans avoir désigné de successeur. Le Conseil national choisit alors parmi les princes éligibles Ananda Mahidol, alors âgé de dix ans, vivant en Suisse avec sa mère, son frère et sa sœur, pour y suivre sa scolarité. Un conseil de régence est désigné pour gouverner, le nouveau roi étant mineur. En 1938, ce Conseil nomme Pibul, alors colonel, comme Premier ministre, lui assurant ainsi une longue carrière à la tête du gouvernement thaïlandais.

Fort de ses fonctions, Pibul se plie aux exigences japonaises et déclare la guerre aux Américains et à la Grande-Bretagne. C'est pour cette raison que les «Free Thai» et leurs partisans le mépriseront pendant le conflit et la période d'après-guerre. Pridi, quant à lui, asseoit son prestige à l'étranger : il organise le mouvement clandestin des «Free Thaï» et devient connu sous le nom de «Ruth». Les deux hommes, très différents, se ressemblent cependant sur plusieurs points. Malgré leurs désaccords, tous deux sont nationalistes. Cultivés, doués, leur charisme transforme leurs partisans en fanatiques. Pour les Américains en liaison avec les «Free Thaï», le choix entre les deux hommes est simple : Pridi a résisté aux Japonais, tandis que Pibul, qui a collaboré avec l'ennemi, est selon la terminologie de l'époque un criminel de guerre. Le compagnon d'entraînement de Thompson à Ceylan, Alexander MacDonald, résume cette période dans son ouvrage *Un journaliste à Bangkok*. Il y raconte l'histoire de la fondation du *Bangkok Post*, quotidien en langue anglaise. Faisant état de ses désillusions sur certains points de la politique d'après-guerre de Pridi et de ses partisans, il confesse néanmoins : «Je savais que je ne pourrais probablement jamais porter sur Pridi un jugement objectif». Plusieurs dirigeants thaïlandais, dont la plupart ne sont pas pro-Pibul, professent une opinion totalement différente.

Le gouvernement Pibul s'écroule en juillet 1944, un an avant la fin des hostilités, en raison, entre autres, de l'impopularité de plusieurs projets avancés (dont celui de construire une nouvelle capitale dans une province marécageuse éloignée de Bangkok). Mais le motif principal de cet effondrement résulte des nombreuses tentatives de Pridi pour affirmer son pouvoir à mesure que la défaîte du Japon devient inévitable.

Ce dernier est conscient qu'il est vain à ce moment-là de prendre le pouvoir, bien que ses positions anti-japonaises ne soient pas un secret. C'est pourquoi Kuang Abhaiwong, politicien alors reconnu, est nommé Premier ministre, ce qui permet à Pridi de devenir le conseiller privé du roi. Grâce à cette nouvelle position, son influence reste importante jusqu'à la fin des hostilités.

La Thaïlande échappe donc à l'invasion redoutée. Quelques bombes sont larguées sur Bangkok, et les femmes et les enfants sont évacués en hâte vers la province. Mais la conclusion brutale qui met fin au conflit épargne à la Thaïlande l'horreur des champs de bataille. Au contraire des pays voisins, les services publics ne sont pas touchés, le gouvernement peut poursuivre sa tâche et on trouve du riz en grande quantité dans les champs fertiles.

Avec la paix, les dirigeants du «Free Thai» se hâtent de rentrer d'Angleterre et des États-Unis et se rallient aux étrangers tels que Thompson et MacDonald. On se souviendra de cette période comme d'un moment plein d'enthousiasme. Le jeune roi Ananda rentre au pays acclamé par ses sujets : ils ne l'ont pour la plupart jamais vu, mais la révolution n'a que légèrement ébranlé le respect ancestral qu'ils vouent à la monarchie. À la demande des Alliés, on emprisonne Pibul pour crimes de guerre. Il est relâché peu de temps après et se retire de la scène politique. Au sommet de sa popularité, Pridi est nommé Premier ministre. Il affirme alors que la déclaration de guerre contre les forces alliées a été prononcée contre la volonté des citoyens : elle n'a donc aucune valeur. Cette explication, acceptée par le secrétaire d'État James F. Byrnes, facilitera la demande d'adhésion du pays aux Nations-Unies, qui sera finalement ratifiée en décembre 1946. Un drame pourtant ébranle la Thaïlande et les jours de Pridi sont comptés.

Dans la matinée du 9 juin 1946, un coup de feu retentit dans le Grand Palais de Bangkok et quelques minutes plus tard, on retrouve le roi Ananda, mort dans son lit, un pistolet à ses côtés. Les circonstances de la tragédie interdisent l'hypothèse d'un accident et beaucoup refusent de croire à un suicide. La possibilité d'un attentat est bien sûr immédiatement envisagée, et comme les semaines passent sans apporter le moindre éclaircissement sur ce mystère, des rumeurs commencent à circuler dans la ville. Certaines d'entre elles insinuent que Pridi fait partie du complot. Après cinq mois seulement passés à la tête du gouvernement, il se sent obligé de démissionner, mais conserve une large part de son pouvoir, pensant bien s'imposer à nouveau dès que la situation se sera apaisée. Certains de ses représentants corrompus s'efforcent de faire monter les prix de la nourriture, et les difficultés économiques, associées aux sombres rumeurs concernant la mort du roi, portent atteinte à sa popularité. Le 8 novembre 1947, Pibul réapparaît et organise avec succès un coup d'État, soutenu par l'armée et la police. Pridi évite de justesse l'arrestation en s'enfuyant sur un *sampang* par la rivière passant derrière chez lui. Il quitte sans doute le pays grâce à l'aide de certains de ses amis anglais et américains qui lui expriment ainsi leur dévouement. Pibul restera au pouvoir jusqu'en 1957, date à laquelle il sera renversé par un coup d'État dirigé par Sarit Thanarat. Il mourra à Tokyo en 1966.

Leur admiration pour Pridi, sa prétendue responsabilité dans la mort du roi, font que l'exil de l'ancien Premier ministre embarrassent les Anglais et les Américains, qui ont reconnu le gouvernement Pibul. Lui accorder le droit d'asile leur pose par conséquent des problèmes délicats qui n'auraient pu que s'aggraver si Pridi n'avait pas pris le parti de s'exiler en Chine, à la veille de la victoire communiste, où il restera jusqu'à sa mort. Selon le gouvernement thaïlandais, il aura un rôle prépondérant dans les activités subversives en Thaïlande dans des années soixante-dix. En juillet 1968, lors d'un voyage en Malaisie, un haut fonctionnaire du gouvernement accusera publiquement Pridi d'être l'organisateur du mouvement communiste clandestin, faisant ainsi plus particulièrement référence aux activités des insurgés situés à la frontière entre la Malaisie et la Thaïlande.

Chapitre 4

Thompson et les autres membres de l'OSS rallient Bangkok quelques jours à peine après la fin de la guerre. L'aéroport fourmille de soldats japonais armés n'ayant pas accepté leur défaite, et la confusion régne dans la ville, où il est difficile de trouver un logement. Une partie des nouveaux venus, dont

Thompson et MacDonald, sont finalement logés dans le luxueux palais de Suan Kularb, l'un des nombreux bâtiments construits par le roi Chulalongkorn, dans lequel le chef de l'OSS, Howard Palmer, a lui-même ses quartiers. Le père de ce dernier a été missionnaire en Thaïlande, et c'est dans ce pays que son fils a grandi. Il y a également passé les années de guerre, caché comme quelques autres Américains qui travaillaient clandestinement. Suan Kularb est une étrange construction de style victorien, un paradis en comparaison des rigueurs de l'entraînement de la jungle, pourvu de douzaines de chambres, de lits moelleux, et d'un nombre incroyable de domestiques qui veillent respectueusement sur les Américains.

Ils n'ont cependant guère le loisir de profiter de ces agréments. Palmer part pour les États-Unis quelques semaines plus tard, et c'est Thompson qui assume alors les fonctions de chef de l'OSS. Avec MacDonald, il ouvre un consulat américain temporaire pour régler quelques affaires urgentes, en attendant qu'un bureau permanent puisse s'établir. Des fêtes sont données presque tous les soirs. Thompson profite de l'hospitalité de ses amis thaïlandais et s'intéresse de plus près aux coutumes de ce pays dont il a tellement entendu parler. Il rencontre le légendaire «Ruth» et, comme la plupart des autres étrangers, il est très impressionné par son intelligence et son charisme. Bangkok l'enchante, avec ses nombreux canaux (qui ont incité les touristes à surnommer la ville, sans beaucoup d'imagination, «la Venise de l'Orient») et ses incroyables temples étincelants, à propos desquels Somerset Maugham a écrit : «On sourit avec délectation à la pensée qu'il puisse exister sur cette sombre terre des choses aussi fantastiques.»

C'est aussi pendant ces premiers mois de 1945 qu'il fait la connaissance de Connie Mangskau, une jeune veuve enjouée d'une trentaine d'années. Sa sœur et elle ont été interprètes pour les forces alliées lors des négociations avec le gouvernement thaïlandais.

Connie Mangskau se souviendra de l'enthousiasme sincère de Thompson pour la Thaïlande, et de ses émerveillements. Il aime, en effet, à chiner dans les magasins, achetant tout ce qui attire son œil d'homme de goût : de vieux tableaux thaïlandais, des porcelaines, des bijoux anciens, des objets en laque et, parfois, des mètres de soie chatoyante que seules fabriquent encore quelques familles de tisserands. La plupart de ce qu'il achète est destiné à sa femme qui, dit-il souvent, est une artiste.

Il serait impossible de dire à quel moment Thompson envisagea sérieusement de s'installer en Thaïlande. Ce fut probablement en 1946, alors que son retour aux États-Unis semble la seule issue. Plusieurs facteurs jouèrent sans aucun doute un rôle dans cette décision. Ainsi, une forme de dépression, qui affecte beaucoup de soldats lorsque l'excitation du danger est brusquement interrompue par la perspective d'une vie banale, fut sans doute déterminante. Les agents secrets, qui ont connu les «coulisses» de la guerre, sont plus touchés que les soldats ordinaires par ce sentiment, et, en l'occurence, il est fort probable que la ville de Bangkok l'ait exacerbé. Contrairement aux autres villes d'Asie, elle a gardé son charme et sa splendeur. (Même pendant la guerre, l'ambiance était paradoxalement joyeuse ; un Américain qui y était emprisonné se souvient qu'on le laissait régulièrement sortir pour assister aux bals et autres fêtes.) Un autre raison pouvant expliquer son choix tient à la décision de MacDonald d'y fonder un journal en langue anglaise, une fois déchargé de ses fonctions aux Philippines. Ce projet est d'ailleurs encouragé par plusieurs membres du gouvernement thaïlandais. Dernier élément, le plus important sans doute, Thompson est tombé amoureux du pays et de son peuple. Plus concrètement, il sent que de grands changements vont s'y produire et compte bien y prendre part. La Thaïlande est l'un des pays de la région le moins touché par la guerre ; il est donc logique qu'elle prospère, ne serait-ce qu'en exportant de la nourriture à ses voisins moins fortunés.

C'est aussi la seule puissance indépendante de toute l'Asie du Sud-Est : elle aura donc très probablement un rôle stratégique dans les luttes de fin d'empire qui troublent déjà la Malaisie, l'Indonésie et l'Indochine.

Or il s'intéresse de près à ces régions, ayant rencontré à Bangkok, au moment où la guerre se terminait, des Laotiens, des Cambodgiens et des Vietnamiens, membres de groupes nationalistes.

Il prévoit également qu'avec l'inévitable développement du trafic aérien, la paix amènera sans doute de plus en plus de touristes en Extrême-Orient. Or, en 1945, les hôtels de la capitale répondant aux standards internationaux sont peu nombreux. Parmi eux le vieil *Oriental*, un ancien palais qui domine la rivière traversant la ville, jouit d'un statut particulier. Pendant la période d'avant-guerre, il était à Bangkok ce que le *Raffles* était à Singapour et le *Peninsula* à Hong-Kong : un haut lieu de rencontre pour ceux qui passaient dans les environs, et pour toute la communauté locale étrangère. Charlie Chaplin, Noel Coward, y ont séjourné ; Somerset Maugham a failli y mourir à la fin des années vingt d'une fièvre contractée dans le pays, et y a écrit, pendant sa convalescence, une courte histoire pour enfants qui se déroule dans la cour royale d'un Siam mythique. L'*Oriental* possède donc un passé et une tradition, en plus d'une situation exceptionnelle sur la New Road, où sont concentrés les magasins et les agences de voyages.

Lorsque Thompson le voit pour la première fois, on entre par des portes battantes dans de vastes pièces surannées où des moustiquaires encadrent les lits. Ces chambres ouvrent sur d'interminables couloirs que les clients ont surnommés «les allées du jeu de boules». Les cuisines sont simples, le personnel réduit, pauvre et maltraité. Le système de plomberie est dépassé ; il n'y a pas de baignoire mais l'hôtel fournit des baquets aux clients désireux de prendre un bain. Bref, l'*Oriental* nécessite beaucoup de travaux, et donc beaucoup d'argent, pour obtenir d'être classé au nombre des grands hôtels d'après-guerre.

À cette époque, il n'a même pas la fonction d'hôtel puisqu'il abrite les soldats de l'armée de l'air américaine, qui doivent pour la plupart regagner rapidement leur patrie. C'est alors que, propriété de la couronne, il est mis aux enchères. Thompson ne connaît bien évidemment rien à l'hôtellerie, mais l'idée de le rénover l'intéresse à plusieurs titres. D'une part, malgré les risques encourus, le projet semble économiquement solide, car, censé déclencher un afflux de touristes, il y a de grandes chances pour que l'une des lignes aériennes internationales — la Pan

America — souhaite investir dans cette restauration. D'autre part, Thompson aura ici l'occasion de déployer ses talents d'architecte et de dessinateur, la construction d'un bâtiment supplémentaire s'avérant nécessaire. Enfin, et surtout, il tient là un excellent alibi pour prolonger son séjour en Thaïlande.

L'idée séduit également Germaine Krull, une Française correspondante d'une agence de presse, arrivée à Bangkok peu après Thompson. Sa mission ayant pris fin avec la guerre, elle se trouve alors entièrement disponible. Ils ont déjà un certain nombre de points communs : elle a été envoyée en Indochine, et la situation politique de ce pays l'intéresse. Leur amour de l'Orient les rapproche encore. Après quelques mois de discussions et d'entrevues avec les membres du gouvernement thaïlandais, ils finissent par former une association assez homogène de six personnes. Y figurent, en outre, un prince thaï, un grand juriste local, un Américain ayant collaboré avec les «Free Thaï» pendant la guerre, et un général thaïlandais. Chacun engage deux cent cinquante dollars dans l'affaire. Thompson et Germaine Krull sont de loin les plus enthousiastes des six ; ils passent des heures à dessiner des plans et à établir des projets pour rassembler les capitaux nécessaires. Il semble en effet assez évident que les nombreux problèmes de l'*Oriental* ne seront pas résolus avec mille cinq cents dollars. Germaine Krull est d'avance préposée à la gérance et à l'ouverture de l'hôtel. Thompson, qui fait encore partie de l'armée, ne peut pas se consacrer entièrement au projet, mais il sera bientôt libre de faire beaucoup plus.

À la fin de l'année 1946, il se rend aux États-Unis pour demander à être déchargé de ses fonctions, trouver des investisseurs, et persuader sa femme de le suivre en Thaïlande. Ce dernier point est la cause d'une amère déception. Pat Thompson l'accueille avec une demande de divorce. Ce coup, aussi violent qu'inattendu, achève d'anéantir les quelques doutes pouvant le faire hésiter de venir s'installer en Extrême-Orient. Sans sa femme, les mondanités de New York lui paraissent plus insipides que jamais, et le besoin de s'éloigner devient impératif. Il cesse alors totalement de voir son ex-épouse. Vingt ans plus tard, devenu célèbre, il passera par San Francisco où elle vit et lui rendra visite. Elle exprimera le désir de voir le pays où il s'est expatrié. Mais, atteinte d'une grave hémorragie cérébrale, elle ne réalisera jamais ce souhait.

Pour tenter d'oublier son divorce, Thompson se concentre sur le projet de l'*Oriental* et contacte d'éventuels investisseurs américains. Il traverse alors une période très difficile, et c'est probablement avec un grand soulagement, qu'en 1947, il embarque dans l'avion qui l'emporte vers son incroyable destin.

Chapitre 5

La ville d'aujourd'hui est bien différente de celle qui a tant subjugué Thompson. Elle paraît alors plus petite : la communauté des *farang*[1] étant assez restreinte, tout le monde se connaît et l'on ne croise que des visages familiers dans les réceptions. En un mot, Bangkok possède plus de charme. Les rues principales sont presque toutes bordées d'un *klong* [2]. Noires et nauséabondes à la saison chaude, ces voies d'eau deviennent miraculeusement limpides et fraîches au moment des pluies ; elles forment le nerf non seulement du commerce mais de la vie même de Bangkok. Tous les canaux principaux finissent par rejoindre la rivière de Chao Phya, et une multitude bigarrée de bateaux s'y affaire, naviguant entre les différents marchés de la ville, les vergers et les rizières. La majorité des plus anciennes maisons font face à la rivière ou à un *klong*. Les voitures, la plupart appartenant aux officiers gouvernementaux, sont rares. Le moyen de transport le plus courant est le petit *pedicab*, ou le *samloh* [3], dont le souvenir continue d'inspirer aux nostalgiques la plus grande mélancolie. Ces véhicules sont équipés de petites sonnettes que les conduc-

1 . Ce mot thaï avait commencé par désigner les Français au XVIIe siècle, mais son sens s'est par la suite étendu à l'ensemble des Occidentaux.
2. Mot thaïlandais qui signifie «canal».
3. Signifiant littéralement «troies roues».

teurs actionnent à la moindre occasion. La nuit, les rues sombres résonnent de ces tintements ressemblant aux vocalises d'un chœur d'insectes. (Évidemment, le progrès a chassé les *samloh* qui ont été relégués dans les provinces dès 1959, et leurs conducteurs ont refusé les véhicules plus modernes que leur proposait le gouvernement.)

La ville n'abrite alors que deux ou trois hôtels et quelques touristes. Les résidents les plus riches habitent de grandes maisons de teck à l'architecture étrange, avec des vérandas spacieuses dominant des jardins tropicaux. Les domestiques restent en général fidèles aux familles qu'ils servent depuis plusieurs générations. Le quartier aujourd'hui connu sous le nom de Bangkapi, l'un des plus à la mode, est alors couvert de rizières et la magnifique ambassade d'Angleterre, à présent au centre de la plus vive agitation, se trouve à la périphérie. Pour moins de cinquante dollars par mois, on peut vivre dans une gigantesque maison entretenue par une nuée de domestiques.

Bangkok est un lieu dépaysant pour un Occidental : pas de centre bien défini, pas de grand square ou de carrefour qui donnerait un cœur à la ville, mais plusieurs centres, selon les préoccupations et les intérêts de chacun.

Pour la plupart des Thaïlandais, le point de rayonnement est probablement cet immense champ ovale, le Pramane Ground, situé à quelques centaines de mètres de la rivière, dominé par plusieurs bâtiments officiels, par les tours dorées et les toits en pente du Grand Palais et du temple du Bouddha d'Émeraude (temple le plus sacré de la capitale). C'est là que se déroulent les fêtes les plus spectaculaires et les cérémonies importantes, telles que les crémations royales et le «culte de la charrue», qui assure chaque année l'abondance de la récolte de riz. Les samedis et dimanches, le magnifique marché voit affluer des centaines de personnes venues de tous les coins de la ville.

Les deux autres principaux centres d'attraction se trouvent non loin de là : la zone grouillante d'Yawaraj et le siège de la puissante armée. Le premier concentre la majeure partie de la population chinoise. Dans ses petites ruelles tortueuses flottent d'étranges odeurs, et les lettres des enseignes sont plus souvent chinoises que thaïlandaises. Les hauts murs moyenâgeux du centre de l'armée abritent à la fois campements et quartiers généraux. Les maisons des généraux importants, sans le secours desquels le gouvernement ne peut espérer survivre longtemps, bordent des rues tranquilles, plantées de tamariniers. Pendant les périodes de trouble, ce quartier se hérisse de soldats armés et résonne du lourd crissement des tanks.

Pour les *farang*, le cœur de Bangkok bat de l'autre côté de la ville, le long de New Road. Cette route a été construite au milieu du XIXe siècle pour faciliter le trajet des premiers diplomates occidentaux. Leurs ambassades surplombaient en effet la rivière et ils s'étaient plaint au roi Rama IV de ne pas avoir d'endroit où se promener, à pied ou en voiture, à la tombée du jour. New Road n'a probablement jamais été très belle mais, en 1946, elle offre bien autre chose que les étalages de souvenirs défraîchis d'aujourd'hui. En ce temps-là, la plupart des magasins qui approvisionnent les touristes sont situés sur, ouà proximité de New Road, y compris l'épicerie Silom. Cet établissement n'est pas seulement l'un des rares distributeurs de denrées occidentales, mais une boutique pour laquelle les plus anciens résidents éprouvent une tendresse toute particulière : on affirme en effet qu'elle a fait passer de la nourriture clandestinement aux étrangers emprisonnés pendant la guerre.

Les *farang* venus chercher fortune en Thaïlande entretiennent de bonnes relations avec les autochtones. Le pays ayant réussi à éviter les Européens avides de colonisation, aucun ressentiment profond à l'égard des Occidentaux n'a pris racine. L'ambiance de la capitale est très différente de celle qui règne dans les anciennes colonies hollandaises, anglaises et françaises.

Pour un Occidental, la vie à Bangkok présente néanmoins certains désagréments. La climatisation, qui rendra pour beaucoup la vie tropicale supportable, est alors totalement inconnue. Comme l'électricité est capricieuse, tout le monde garde une réserve de bougies à portée de main pour les coupures de courant quasi quotidiennes. Il n'y a pas de four à gaz, et dans les palais comme dans les maisons ordinaires, la cuisine se fait sur d'antiques braseros au charbon. Le choléra est le principal danger apporté par la saison chaude, et il faut faire bouillir l'eau avant de la boire. L'hygiène dépend largement de la proximité des *klong*. L'état des rues est pitoyable ; à la saison des pluies, on les distingue à peine des canaux. On voit ainsi couramment des dames en robe de soirée patauger dans l'eau pour se rendre à un dîner mondain, leurs chaussures trempées à la main. La nourriture importée étant rare et coûteuse, il faut ou prendre goût à la cuisine locale, ou manger chichement.

Malgré tous ces inconvénients, la ville dégage un charme extraordinaire. La fête du 4 Juillet organisée chaque année par l'ambassade américaine rassemble toute la communauté étrangère (ce qui ne serait plus guère possible aujourd'hui puisque le nombre des Américains se chiffre par milliers) ; les arbres d'acajou forment des tunnels feuillus le long de rues désormais résidentielles, et la moindre excursion hors de la ville tourne à l'aventure.

Personne n'est plus enclin à la nostalgie que Thompson ; ainsi s'obstinera-t-il, plus tard, à emprunter des chemins devenus impraticables. En fait, plus la ville s'occidentalisera, plus il prendra un plaisir pervers à éviter les commodités que les autres tiendront pour acquises. Il refusera ainsi de faire installer la climatisation dans sa chambre et dans son bureau comme de faire moderniser sa cuisine, même lorsque la majorité de ses amis abandonneront joyeusement leurs dispositifs à charbon. Dans sa magnifique maison, l'un des points de repère de la ville et dans laquelle les invités défilent sans cesse, son cuisinier chinois continuera de préparer de savants dîners pour dix à vingt personnes sur un fourneau à charbon et cela, selon Thompson, pour un prix bien moins élevé que celui qu'entraînent les luxueuses installations des autres étrangers.

Alors que Bangkok ressemblera de plus en plus à une ville américaine, il cherchera dans les provinces un style de vie correspondant à ses goûts. Il aime leurs hôtels chinois bruyants, leurs petits restaurants, et leurs imprévus. Il reviendra de ces voyages avec une nouvelle énergie, et préconisera la même thérapie aux nouveaux venus, déçus par l'aspect moderne de la capitale. Sa préférence pour le terme de «Siam» à celui plus courant de «Thaïlande» est également significatif du lien qu'il entretient avec le passé.

Chapitre 6

Si les projets de Thompson s'étaient concrétisés comme il l'avait prévu, il serait probablement devenu hôtelier et la soie serait alors restée le privilège de quelques-uns. Il existe au moins deux versions de ses déboires avec l'*Oriental* : la sienne et celle de Germaine Krull. Celles-ci sont totalement différentes, et il est impossible aujourd'hui de faire la part des accusations et contre-accusations pour arriver à établir précisément ce qui s'est passé. De plus, les résultats de cette enquête seraient inutiles car, malgré toute l'amertume de Thompson et l'importance que le projet semble représenter, cet épisode n'apparaît rétrospectivement que comme un détail dans sa carrière. Tous deux possèdent une forte personnalité et ont des idées bien arrêtées sur ce qu'il convient de faire ou ne pas faire, ce qui entraîne inéluctablement des dissensions. Des désaccords, accompagnés d'âpres discussions, surgissent rapidement et Thompson finit par se retirer du projet. Dans son livre consacré à l'affaire, Germaine Krull attribue leur rupture à une dispute à propos des plans de l'annexe du vieux bâtiment. Thompson, en tant qu'architecte, est tout particulièrement concerné par cette nouvelle construction. Malgré ce différend, il continue de vivre à l'*Oriental* pendant plus d'une année en évitant soigneusement son ex-associée. Près de vingt ans plus tard, alors que cette dernière n'est plus impliquée dans la gérance de l'hôtel, on demandera à Thompson de décorer les deux suites royales, ce qu'il fera gratuitement, pour son seul plaisir.

Au moment de ses déboires avec l'*Oriental*, Thompson tient également le rôle officieux de conseiller politique à l'ambassade américaine. L'ambassadeur, Edwin Stanton, est l'un de ses amis intimes. Lors de ses activités pour l'OSS, à la fin de la guerre, Thompson a eu l'occasion de saisir les complexités politiques qui régissent l'Asie du Sud-Est. Il a été plus particulièrement intéressé par les mouvements nationalistes du Laos et du Vietnam, qui avaient établi dans la seconde moitié des années quarante leurs quartiers généraux à Bangkok, d'une part parce que la capitale thaïlandaise avait une position stratégique, et d'autre part parce que le gouvernement se montrait disposé à leur accorder le droit d'asile. Par conséquent, la ville recueillit de nombreux Laotiens, Vietnamiens et Cambodgiens qui travaillaient à libérer leur pays de la tutelle française. Parmi ces insurgés, plusieurs futurs hauts fonctionnaires furent à ce moment-là la cible de complots dirigés par des agents français et la situation devint de plus en plus trouble. Avec le temps, plusieurs de ces groupes dissidents se soumirent à l'influence communiste (les Vietnamiens les premiers), ce qui contribua à augmenter la suspicion des autorités thaïlandaises à leur égard, après le renversement du gouvernement Pridi par les forces armées.

De tous les réfugiés nationalistes avec lesquels il est en contact, Thompson préfère les Laotiens, sans doute parce qu'ils sont très proches des Thaïlandais. Le Laos est situé au nord-est de la Thaïlande et les deux pays ont une frontière commune. Les habitants de cette région sont souvent issus du même groupe racial que les Laotiens : les allées et venues entre les deux pays sont courantes, et chacun connaît alors quelqu'un au Laos. Field Marshall Sarit Thanarat, qui renversera Pibul en 1957, est originaire du nord-est ; l'un de ses cousins fut Premier ministre au Laos pendant un temps.

Thompson se rend plusieurs fois dans la région frontalière avec ses amis laotiens. Il s'intéresse de près au mode de vie et aux habitudes du Laos et témoigne de son enthousiasme dans les lettres qu'il adresse à sa famille et à ses amis américains. Cela peut sembler curieux, car l'Issan, nom donné par les Thaïlandais au nord-est du pays, est une région reconnue pour sa pauvreté. Cet aspect peut expliquer le choix des communistes d'en faire un point stratégique de la révolution. Les récoltes, si abondantes dans le reste de la Thaïlande, n'y sont le résultat que d'un dur labeur. Cependant, le mûrier étant adapté à l'aridité du sol, la production de soie sauvage y est une ressource traditionnelle, bien que peu rentable.

Au cours de ces visites, Thompson se prend d'affection pour les habitants du nord-est qui mêlent de façon plutôt inattendue une résignation passive à leur vie difficile et un profond sentiment régional prenant souvent la forme politique du radicalisme. C'est sans aucun doute aussi parce que certains de ses amis laotiens ont des parents qui cultivent les vers à soie que Thompson a été amené à s'intéresser à cette première étape du processus de la création des étoffes merveilleuses remarquées dans la capitale, et c'est peut-être pendant l'une de ces expéditions que l'idée de fonder son industrie lui est venue à l'esprit pour la première fois.

Au milieu de l'année 1947, il se sent à nouveau disponible pour se lancer dans une nouvelle aventure. L'effondrement de ses espoirs pour l'*Oriental*, si rapidement suivi par les problèmes de son divorce, ont profondément blessé sa fierté. Il n'a pas l'intention de faire une carrière politique, même si la possibilité lui en a été donnée, pas plus qu'il ne souhaite regagner les États-Unis. Il se tourne alors, presque inévitablement pourrait-on dire, vers le tissu chatoyant découvert dans les magasins de Bangkok.

Chapitre 7

Contrairement à ce que l'on a pu croire, ce n'est pas Jim Thompson qui a inventé la soie thaïlandaise, l'économie du nord-est du pays reposant, comme on l'a vu, depuis très longtemps sur sa production. Les nombreux tisserands de Bangkok travaillent sur de simples métiers à tisser en bois et en bambou faits à la main, et les techniques se transmettent de génération en génération.

Le tissage de la soie, héritage culturel de la Chine, fait, en effet, partie de l'artisanat traditionnel de la plupart des pays d'Asie du Sud-Est depuis des siècles. Cependant, cet art périclite et ses chances d'essor sont faibles, ce qui explique que l'on ait exagéré son rôle. L'avènement au XXe siècle de textiles européens ou japonais force les tisserands à se tourner vers des activités plus fructueuses, et les dernières familles entreprennent leur conversion en 1947. Leurs concitoyens considèrent la soie chatoyante comme trop traditionnelle pour être élégante ; de plus elle est très coûteuse et n'est, par conséquent, portée que lors de certaines cérémonies religieuses.

La quasi-totalité des tisserands est rassemblée dans un quartier abandonné de Bangkok, nommé Bangkrua, jadis un village à la lisière de la capitale. La religion, plus encore que le tissage, a réuni ces familles. Elles sont en effet musulmanes dans un pays dont la population est à 95 % bouddhiste, et leurs rites stricts, ainsi que les régimes alimentaires sévères, les ont rapprochées au fil des ans. De plus, les mariages se faisant au sein de la communauté, les techniques traditionnelles perdurent plus sûrement.

Cependant, le terrible marasme économique pousse malgré tout la plupart d'entre elles à abandonner également leurs métiers. L'idée d'un marché international pour la soie a rapidement été repoussée, en supposant qu'elle ait été sérieusement envisagée, car les structures qu'exigerait une telle opération, sans parler des fonds nécessaires, seraient beaucoup trop importantes.

Telle est la situation lorsque Thompson entre en scène. Les espoirs de succès sont aussi limités que ceux du projet de l'*Oriental* étaient prometteurs. Il semble peu recommandé à un homme de plus de quarante ans de se lancer dans le commerce de la soie sans avoir jamais travaillé dans l'industrie du textile. De surcroît, il ne parle pas un mot de thaïlandais et sa connaissance de la commercialisation d'un produit paraît à peine plus étendue que celle des tisserands découragés.

Ce qui arrivera par la suite surprendra une grande majorité de ses amis, et, vraisemblablement, Thompson lui-même. Depuis son premier voyage à Bangkok, il collectionne les coupons du précieux tissu qu'il déniche ici et là. Il ne peut s'empêcher de s'approprier tout ce qui le séduit ; son engouement pour la soie tient à sa texture grumeleuse et lustrée et à ses combinaisons surprenantes de couleurs. Les coupons qu'il achète mesurent généralement un mètre et demi de long, rarement plus, et sont habituellement utilisés comme *sarong*, appelés *pasin* pour les femmes et *pakoma* pour les hommes. Si ces derniers sont relativement simples, malgré des motifs écossais souvent éclatants, ceux destinés aux femmes sont brochés d'or et d'argent et ne sont portés qu'à l'occasion de cérémonies importantes, comme le mariage ou les réceptions royales.

La mode occidentale va transformer avec succès ces tenues d'apparat en écharpes. Les couleurs, en général obtenues grâce à des teintures végétales, s'estompent — ou disparaissent entièrement — après plusieurs lavages. Ce n'est pas un véritable problème pour les Thaïlandais : en effet, les coupons les plus précieux sont pliés et rangés dans des coffres parfumés, parfois pendant plusieurs générations, avant d'être ressortis.

Thompson prend plus au sérieux la possibilité d'une industrie de la soie après un dîner avec l'attaché commercial de l'ambassade américaine, James Scott, qui pense que quelque chose peut être fait dans ce domaine. Scott a auparavant servi en Syrie où il a observé l'ampleur de l'exportation du brocart, longtemps considéré lui aussi comme un artisanat mineur. Impressionné par la collection de Thompson, il est persuadé que l'on peut obtenir de la soie ce qui a été réussi avec le brocart syrien. En tant qu'attaché commercial, il possède de nombreuses informations sur le développement d'un tel marché.

Une fois l'idée lancée, Thompson se renseigne sur le textile auprès de ses amis locaux, s'attelle à l'étude de la petite collection de coupons de soie traditionnels du Musée national, se lance à la recherche de tisserands par l'intermédiaire des magasins qui proposent leur travail. Il découvre l'enclave de Bangkrua, sans se douter qu'il y vivra un jour, et discute longuement avec certaines familles qui s'entassent dans des maisons trop exiguës. Les tisserands restent méfiants à l'égard de ce *farang*, mais polis et ouverts, comme de coutume en Thaïlande.

L'un d'eux, qui est en même temps plombier (et qui par la suite deviendra un important actionnaire de la compagnie), est suffisamment intrigué par le projet pour tisser quelques coupons plus longs que d'habitude, en utilisant plusieurs couleurs traditionnelles pour que l'Américain puisse mieux juger.

Une valise pleine de soie à la main, il s'envole pour New York, ville idéale pour le développement d'un produit de luxe. Son premier soutien lui est apporté par la redoutable Edna Chase, éditrice de *Vogue*, et arbitre de ce qui peut entrer ou non dans le monde restreint mais cependant tout puissant de la haute-couture américaine. Il est entré en contact avec elle par l'intermédiaire de Frank Crownshield, éditeur de *Vanity Fair*, et la seule personne travaillant dans l'industrie de la mode qu'il connaisse. La relation entre les deux hommes est née dans les années trente, avec pour arrière-plan le New York frivole et mondain de l'époque.

Edna Chase est très théâtrale, comme une grande partie des gens de ce milieu. Elle examine la pile de tissu chatoyant, se recule pour mieux en juger, puis interdit à quiconque de quitter les bureaux avant d'avoir vu cette merveille. La soie thaïlandaise a trouvé des admirateurs, du moins chez *Vogue*.

L'enthousiasme d'Edna Chase ne se borne pas à cette exubérance. Elle demande à Thompson de lui confier les étoffes pendant quelques semaines pour pouvoir en faire l'éloge. Pendant ce temps, elle persuade la styliste Valentina de confectionner une robe dans l'un des coupons. La couturière est photographiée par *Vogue* vêtue de sa nouvelle création. Le nom de Thompson figure dans la légende, ce qui donne un considérable essor à son projet.

Chapitre 8

Quelques mois plus tard, Thompson retrouve Bangkok, où les élégants bureaux d'Edna Chase doivent lui sembler bien loin des métiers à tisser archaïques de Bangkrua. Malgré tout l'enthousiasme des éditeurs de mode et des stylistes, les difficultés auxquelles il va être confronté n'en sont pas pour autant effacées.

Il effectue les démarches avec beaucoup de prudence, et il faudra attendre près d'un an avant la création de sa compagnie. Jusque-là, il agit depuis sa chambre de l'*Oriental*, s'efforçant d'éveiller l'intérêt de ses amis locaux ou celui de ses relations new-yorkaises. Ces premiers mois d'investigation, riches d'enseignement, lui permettent de combler rapidement ses lacunes en matière de tissage. De plus, tout le monde se montre emballé par le «nouveau» textile, ce qui entraîne un flot de commandes assez régulier. Gagnés par sa confiance, les tisserands révisent leur jugement pessimiste et augmentent progressivement leur production.

La mise en place d'une structure plus stable s'avère bientôt nécessaire. C'est à ce moment-là qu'arrive de Californie l'un de ses amis, George Barrie, homme d'affaires riche et aventureux, charmé par l'idée d'investir dans une affaire aussi attirante qu'inhabituelle. Lorsqu'il voit la production, il estime que le projet a un avenir. Il lui conseille vivement alors de créer sa société et de mettre en vente des parts.

Thompson décide de franchir le pas, et, avant la fin de l'année 1948, un an après ses premières investigations, la Thai Silk Company Ltd. est créée. Son organisation n'a rien de secret, alors qu'elle fera l'objet de plusieurs quiproquos. D'une part, Thompson sera généralement perçu comme l'unique propriétaire et non comme «le père» de l'entreprise : c'est pourquoi beaucoup penseront qu'il est le principal bénéficiaire de son considérable chiffre d'affaires. Ce n'est qu'à sa disparition, en 1967, que plusieurs habitants de Bangkok, par ailleurs bien informés, découvriront la structure de la société.

Ce malentendu tient, entre autres, à l'incroyable battage publicitaire fait autour de sa personne. Pendant plusieurs années, on a parlé du «roi de la soie» et certaines personnes disent simplement se rendre «chez Jim Thompson» lorsqu'elles vont acheter cette étoffe. Mais cela ne reflète aucunement l'opinion que celui-ci a de lui-même : dans les nombreuses interviews qu'il donnera, il n'oubliera jamais d'insister sur la participation majoritaire des Thaïlandais dans l'affaire. Le second malentendu, que l'on retrouve dans toutes les publications à son sujet, tient aux rumeurs selon lesquelles la Thai Silk Company a été fondée à partir de quelques centaines de dollars seulement. La démarche journalistique, qui tend à magnifier les légendes des grands magnats, peut expliquer cette exagération. De plus, la somme investie par Thompson (de 200 à 300 dollars) pour présenter divers coupons de soie à New York est souvent confondue avec le capital d'investissement de la société. Il est possible qu'il ait également encouragé cette légende : soucieux de son image de marque, il a lui-même eu tendance à romancer quelque peu sa vie en Thaïlande. Un an avant sa disparition, lors d'un séjour à New York, il affirmera à un journaliste du *New York Times* qu'il descendait le fleuve tous les jours pour se rendre à son bureau alors qu'il n'avait qu'à traverser un petit bras de rivière. Il tentait de donner une dimension plus faramineuse encore à son aventure.

En 1948, cinq cents parts de 50 dollars l'unité sont mises en vente, permettant de réunir les 25 000 dollars nécessaires à la constitution de la Thai Silk Company. Les actionnaires n'ayant payé que la moitié de la valeur de leurs parts à l'achat, une partie du bénéfice de la compagnie servira à combler, six ans plus tard, les 12 500 dollars manquants. La société de Thompson prospère dès la première année et l'entreprise est bénéficiaire depuis 1954. Ainsi, une action achetée 25 dollars en 1948 en vaut 860, vingt ans plus tard. 51 % des actions appartiennent aux Thaïlandais et les 49 % restants à des étrangers ; Thompson et George Barrie sont initialement les deux plus grands actionnaires avec quatre-vingt dix parts chacun. Dans les années qui suivront, Thompson se séparera de six actions ; ainsi, il en offrira deux à un tisserand qui supervisera la construction de sa maison à la fin des années cinquante.

Son poste de directeur général ne lui apporte, dans un premier temps, qu'un salaire annuel de 3 000 dollars, qui augmentera avec le succès de l'entreprise. Il gagnera ainsi près de 33 000 dollars, sans compter les primes, l'année où il se rendra à Cameron Highlands. Contrairement à ce que les journaux et certains habitants de Bangkok peuvent croire, son salaire ne lui permet pas d'entrer dans la catégorie des millionnaires. Les directeurs de la compagnie restent perplexes devant son attitude : étant donné son rôle primordial dans le succès de l'affaire et la croissance régulière des ventes (qui s'élèveront à un million et demi de dollars en 1967), ils lui offrent régulièrement d'augmenter son salaire. Il refuse l'offre avec tout autant de constance, affirmant qu'il n'a pas besoin de plus. Si au moment de sa disparition Thompson est millionnaire, sa fortune ne provient pas pour autant de la soie, mais de l'héritage de l'un de ses cousins d'Amérique, mort quelques années après la création de la Thai Silk Company. Il s'était empressé d'investir cette somme considérable et n'y touchera qu'en de rares occasions, telle que la construction de sa maison.

Il utilise des méthodes peu conformes aux habitudes de ses contemporains pour gérer sa société. Ainsi, il a prévu dès le début de se retirer entièrement de l'affaire une fois celle-ci lancée et de la céder aux tisserands, afin de se consacrer à l'un des autres artisanats qu'il juge prometteur. Ni utopiste, ni homme d'affaires pragmatique et entêté, Thompson se définit lui-même comme un «missionnaire obtenant des résultats concrets». Son véritable but, qu'il souligne souvent, et il n'y a pas de raison de remettre en doute sa sincérité, n'est pas de s'enrichir aux dépens d'une Thaïlande sous-développée mais bien plutôt d'aider aux progrès de ce pays. Adepte de la libre entreprise telle qu'elle a été conçue au XIXe siècle, il fait de l'émulation le moteur de toute action commerciale. Il a pu observer grâce à l'expérience de ses amis laotiens, les résultats négatifs de la colonisation française et fait en sorte que ses entreprises profitent aux autochtones. Il cherche à développer leur savoir-faire et contribuer ainsi à l'essor économique du pays. Il ne croit pas à la nouvelle politique qui distribue des subventions sans programme précis, facilitant ainsi la naissance d'entreprises souvent sans lendemain. Il est particulièrement opposé à l'implantation de sociétés étrangères dont le seul but est de rapatrier dans leur pays d'origine des devises rapidement amassées. Le véritable succès de la Thai Silk Company ne se mesure pas à ses bénéfices mais bien plutôt à l'émergence dans tout Bangkok de sociétés rivales qui copient librement les motifs créés par Thompson.

Celui-ci n'entreprend finalement aucune reconversion, bien qu'il n'en ait jamais abandonné l'idée. C'est pourquoi il limite son rôle et le nombre de ses parts dans l'entreprise ; cela explique aussi son système original de rémunération, qui consiste en un arrangement coopératif selon lequel les tisserands ne reçoivent leur paiement qu'une fois la soie vendue. Plus tard, il rémunérera ses employés avant la vente au détail. Les bénéfices des tisserands, travailleurs indépendants, fluctuent selon la quantité de soie qu'ils fournissent. Il rend régulièrement visite à ses fournisseurs afin de contrôler la qualité du produit fini et d'inventer de nouvelles harmonies de couleurs, établissant ainsi des liens amicaux avec les familles de Bangkrua. Il lui arrive de prêter de l'argent à des tisserands qui souhaitent augmenter leur rentabilité et à des employés qui désirent s'installer à leur compte.

Ces accords officieux, s'ils sont nécessaires en raison de la précarité du projet, participent aussi de la philosophie de Thompson et rien n'est véritablement modifié avec l'arrivée de la prospérité. Il continue de rendre quotidiennement visite à ses tisserands et s'en tient au principe d'émulation pour augmenter la production. Ses amis lui conseillent, en vain, d'abandonner cette structure «artisanale» et de rassembler ses tisserands dans une vaste usine moderne : le contrôle de la fabrication y serait plus aisé et les salaires fixes. Le but d'une telle opération ne serait pas uniquement commercial : on pourrait ainsi espérer éviter les jalousies occasionnées par la soi-disant préférence de certains coupons sur d'autres. De plus, cela éviterait que certains tisserands prennent leur indépendance et entrent en concurrence directe avec la Thai Silk Company. Ses refus réitérés peuvent s'expliquer par le côté romantique de sa personnalité ; il ne peut envisager d'abandonner ses visites matinales à Bangkrua, la traversée du *klong* en bateau, l'accueil joyeux qu'on lui réserve, l'atmosphère de village étrangement préservé des changements de la cité environnante. Sa méfiance à l'égard des usines tient aussi à certaines considérations pratiques : il pense que la concurrence entre tisserands représente un élément sain et dynamique, malgré tous les problèmes qu'elle engendre. De plus, il estime que la routine désincarnée d'une usine ne convient pas au tempérament des Thaïlandais. Quelques années plus tard, il ne pourra cacher sa satisfaction lorsque une usine implantée par une société rivale de la Thai Silk Company sera rapidement confrontée à plusieurs difficultés altérant la qualité de sa soie.

Les tisserands n'ont certes pas à se plaindre de sa politique. Rapidement, l'évolution de l'affaire dépasse leurs espérances et certains d'entre eux deviennent même riches. Le signe d'aisance le plus fréquent parmi les musulmans d'Asie du Sud-Est est le *fez* ; son port indique que le propriétaire est suffisamment aisé pour avoir accompli le pèlerinage à La Mecque. Avant l'arrivée de Thompson, les *fez* étaient aussi rares à Bangkrua que les réfrigérateurs ; en l'espace de dix ans, ces deux signes de richesse sont courants dans le village et quelques-uns ont même fait le voyage pour La Mecque plusieurs fois. Grâce à lui, les enfants du village, qui jusque-là n'atteignaient que rarement le secondaire, se retrouvent soudain dans des avions en direction de l'Angleterre, la France et les États-Unis pour y parfaire leur éducation ; et les familles auparavant préoccupées par les fins de mois, se demandent désormais où garer leur nouvelle automobile et quelle marque de téléviseur choisir. L'un des maîtres teinturiers, qui a commencé à quarante dollars par mois, revend aujourd'hui près de cent mille dollars de soie à la Thai Silk Company, après avoir acquis ses propres métiers à tisser. L'efficacité des méthodes de Thompson ne lui avait pas échappé.

Chapitre 9

L'Américain ne s'établit pas tout de suite à son compte mais travaille en collaboration avec le magasin «La One» qui propose divers souvenirs en plus de quelques coupons de soie. (Le précédent propriétaire est aujourd'hui toujours actionnaire de la société et fait désormais partie du comité de direction). Grâce à l'aide d'un interprète, il passe divers accords avec les tisserands;

il tente de se faire une clientèle à l'étranger et conserve un stock de soie dans sa chambre de l'*Oriental* à l'intention des touristes.

Sa technique de vente suscite l'intérêt général : il se poste généralement dans le hall d'entrée, la soie enroulée autour du bras. Intrigués, les touristes s'approchent et le questionnent : quelques minutes plus tard, la soie a trouvé de nouveaux adeptes.

Malgré son attachement pour les pratiques artisanales, Thompson introduit de nombreux changements améliorant la qualité de la soie et contribuant à l'augmentation de la production. Il préconise particulièrement l'utilisation de teintures suisses en remplacement des teintures végétales : ces dernières donnant souvent des couleurs imprévisibles, sans que cela ne gêne les Thaïlandais ; mais la conquête des marchés américains et européens implique le choix de produits plus fixes.

Les tisserands assimilent rapidement les nouvelles techniques malgré l'entière nouveauté du procédé. Les teintures traditionnelles ne sont plus utilisées aujourd'hui que par les villageois des contrées retirées dont le travail n'est pas destiné à l'exportation. Les teintures étrangères sont désormais si courantes que très peu de tisserands savent qu'il ne s'agit pas de produits locaux. Cette nouvelle gamme de teintures permet à Thompson de mettre en œuvre avec éclat son talent de coloriste. Les motifs qui font le succès de la Thai Silk Company sont le fruit de son imagination. Ils seront par la suite systématiquement copiés par les nombreuses sociétés rivales au point d'être rapidement considérés comme traditionnels. Il s'inspire généralement de motifs anciens et des costumes des ballets Bakst, qu'il avait tant admirés dans les années trente. Sa démarche s'apparente à celle d'un peintre, harmonisant ses fils de couleur comme ce dernier travaille sa palette.

Il réussit à convaincre ses fournisseurs d'utiliser une navette plus rapide actionnée au pied leur permettant d'augmenter leur production, qui naguère ne dépassait pas quelques mètres par jour. Un problème d'alimentation en eau dans le village les a amené à choisir les eaux sombres et parfumées d'un *klong* avoisinant pour y tremper le fil à soie. Quelques années plus tard, Thompson affirmera, légèrement ironique, que l'eau du *klong* entraînait une réaction chimique qui donnait à la soie son éclat particulier.

Les amis laotiens de Thompson vivant à Bangkok lui ont été d'une grande aide lors de ses débuts dans l'affaire. Plusieurs d'entre eux ont mis leurs métiers à tisser à sa disposition, ce qui leur permet de gagner leur vie tout en continuant leurs activités politiques. «Lorsqu'ils ne sont pas en train de faire la révolution, rapporte Robert Trumbull dans le *New York Times* en 1949, plusieurs d'entre eux tissent la soie pour le compte d'un exportateur américain, James H. W. Thompson, originaire de Greenville dans le Delaware. Monsieur Thompson [...] achète de la soie thaïlandaise, cambodgienne et laotienne pour l'expédier ensuite aux États-Unis. Ces étoffes magnifiques, parmi lesquelles on trouve des tissus écossais striés de fils d'or et d'argent, ont un coût de fabrication de 2 à 3 dollars par mètre. Une fois les frais d'expédition et de dédouanement réglés, les tissus se retrouvent dans les magasines de mode les plus chic, sous la marque des plus grands couturiers.»

Tao Oum, un Laotien qui a l'ambition d'organiser un gouvernement indépendant dans son pays dès le départ des Français, devient l'assistant de Thompson et l'un de ses plus proches amis. Ils effectuent ensemble plusieurs voyages vers le nord-est de la Thaïlande pour passer des accords avec les producteurs de soie. Cette association permet à Thompson non seulement d'élargir ses connaissances sur le commerce de la soie mais aussi d'acquérir des bases solides sur les aspects complexes des luttes de pouvoir au Laos.

Son dynamisme et sa tenacité étonne les nombreuses personnes qui ne voyaient en lui qu'un play-boy dilettante. Il avait pourtant tout à apprendre : la soie, les traditions et les habitudes de travail de la Thaïlande ; un homme plus jeune se serait peut être rapidement découragé, mais lui persévère malgré les nombreux problèmes auxquels il est confronté. Il s'aperçoit, par exemple, que la soie nécessite un contrôle constant, même lorsqu'elle provient des meilleurs tisserands : il faut à tout prix repérer les coupons de qualité inférieure. Une querelle de famille peut retarder de plusieurs jours une commande importante. Pendant le Ramadan — période de jeûne chez les musulmans — l'activité cesse presque entièrement à Bangkrua. Ainsi, pendant un mois les tisserands sont trop faibles pour travailler le jour ; quant aux soirées, elles sont réservées aux festivités. Une fois la commande honorée, il faut remplir les nombreuses formalités d'expédition à l'étranger. Si le gouvernement se réjouit du développement d'une nouvelle industrie qui amène des devises nécessaires à la Thaïlande, Thompson n'obtient aucun soutien des officiels, trop préoccupés par la précarité de la situation politique et économique du moment. De plus, pour certains des membres du gouvernement, il reste associé à l'administration désormais reniée de Pridi.

Sa passion pour la soie et son talent de coloriste sont donc les deux principaux atouts dont Thompson dispose à la création de son entreprise, par ailleurs servie par son sens du commerce. Il passe chacun de ses moments de loisir dans sa boutique à tenter de convaincre d'éventuels acheteurs de la bonne qualité de son produit. Il lui arrive même d'ouvrir spécialement le magasin le dimanche pour satisfaire la curiosité d'un client à qui il a parlé de sa soie la veille au soir. Il prend tout particulièrement soin de ses clientes : il les enveloppe de tissu, s'écarte pendant un instant, puis leur lance un regard si émerveillé qu'elles succombent immédiatement. Selon plusieurs témoignages, ce moment est souvent déconcertant. Une élégante de Bangkok se souvient : «On avait l'impression d'être hypnotisée. Il me montrait plusieurs fois un coupon de soie dont je n'avais pas envie et qui était au-dessus de mes moyens. Puis il m'en enveloppait et commençait à me vanter les effets qu'il produisait sur mes yeux et mes cheveux. Je savais alors que je me retrouverai avec trois mètres et demi de cette maudite étoffe sur les bras. J'ai toujours chez moi ces coupons de soie que j'ai achetés de cette façon.»

Ainsi, la plupart des femmes de Bangkok exigent de se faire servir par Thompson, persuadées qu'il est le seul à savoir ce qui leur va. De même, celles qui passent leurs commandes de l'étranger lui confient le soin de choisir leurs coupons.

Ses voyages réguliers en Europe et aux États-Unis ne sont pas de tout repos ; il y apporte généralement un échantillon de chacune de ses nouveautés et les commandes qu'il prend au fur et à mesure de ses déplacements refluent vers Bangkok. La passion qu'il manifeste pour la soie le plonge plusieurs fois dans des situations plutôt loufoques : lors d'un dîner à Paris, l'actrice Paulette Goddard, au nombre des invités, complimente Thompson sur le costume de soie qu'il porte. Elle lui demande s'il est possible de s'en procurer un semblable pour l'un de ses amis. Sans hésiter un instant, Thompson lui en fait cadeau et regagne son hôtel vêtu d'un imperméable prêté par son hôte.

Le développement de cette industrie ne se fait pas sans heurts. De nombreuses crises éclatent, mettant en danger la structure du projet, et les lettres que Thompson adresse à sa famille reflètent souvent un découragement qu'il cache soigneusement à ses amis et associés de Bangkok. Les problèmes sont multiples et inévitables puisqu'il s'agit d'une entreprise sans précédent. Il prend plusieurs fois conscience que ses sentiments de missionnaire ne sont pas partagés par tous : on découvre que l'un de ses premiers associés, celui en qui il a placé toute sa confiance, détourne des fonds à son profit. Relâché sur promesse de remboursement, il crée aussitôt une société concurrente et fait de son mieux pour y attirer les tisserands de Thompson. Il tente également d'affaiblir la Thai Silk Company en vendant l'étoffe meilleur marché. Certaines autres sociétés diminuent leur coût de production en ajoutant à la soie des fibres synthétiques, ce qui menace pendant un temps la réputation de la nouvelle industrie, jusqu'à ce que le gouvernement instaure un système de normes. La Chine et l'Inde introduisent sur le marché un produit de qualité inférieure qu'ils font passer pour de la soie thaïlandaise, et trouvent des clients crédules à Hong-Kong et à Singapour.

Chapitre 10

Sa foi en la Thaïlande ne sera que très rarement ébranlée en vingt-cinq ans et jamais il n'envisagera de quitter le pays malgré toute l'amertume causée par l'affaire de l'*Oriental*. Cependant une période tragique se profile dès le début de l'année 1949. C'est un moment décisif à partir duquel Thompson se désintéressera totalement de la vie politique du pays.

La politique d'Asie du Sud-Est devrait être orientée, selon lui, vers les nombreux problèmes humains bien plus que vers les théories abstraites et la création de mouvements politiques. Plus proche de la population que les dirigeants politiques, il ne lui est pas possible, en effet, de faire preuve de cette indifférence cynique qu'affichent les politiciens. Les gouvernements ne paraissent pas se préoccuper des hommes qu'ils dirigent mais uniquement des intérêts nationaux, et se permettent de rompre les serments d'allégeance quand bon leur semble. Ainsi l'admiration des Anglais pour Pridi, dont l'exil en 1947 a été orchestré en partie par l'attaché naval de l'ambassade britannique, et leur rejet de Pibul sont de courte durée : ils reconnaissent rapidement le gouvernement mis en place par ce dernier en 1947, à la suite du coup d'État, ce qui choque de nombreuses personnes, dont Thompson et Alexander MacDonald. Les Américains (également impliqués dans l'évasion du Premier ministre) résistent plus longtemps, mais changent finalement de camp. De telles attitudes sont inacceptables aux yeux de Thompson qui attache énormément d'importance à l'amitié et à la fidélité, même dans le domaine politique.

Ses amis de l'OSS et lui-même sont restés en bons termes avec les anciens dirigeants des «Free Thai», mais le coup d'État de 1947 coupe court à leur espoir d'accéder au pouvoir aux côtés de Pridi. Cependant, la majorité d'entre eux continuent à soutenir le Premier ministre exilé et de préconiser son retour. Lors du procès, un officier de la Marine crie l'innocence de Pridi dans l'assassinat du roi. Le gouvernement Pibul accueille très mal de tels éclats, affirmant que Pridi n'a pas seulement pris part au régicide mais en a été l'instigateur. Les membres du gouvernement font cependant preuve de beaucoup de prudence, d'une part parce que la popularité de Pridi est difficile à évaluer, d'autre part parce qu'ils craignent la réaction de l'armée qui ne s'est pas encore prononcée clairement en faveur du régime. La fin du mois de février 1949 apportera quelques éclaircissements à la situation.

Pendant les deux premiers mois de cette année-là, des rumeurs ont circulé annonçant un coup d'État imminent sans apporter aucun détail sur l'identité des insurgés. Personne ne s'y attend plus lorsqu'il éclate enfin. Thompson participe ce soir-là à un gala ayant pour but de rassembler des fonds en faveur de l'American University Alumni Association, ce genre de soirée faisant alors l'essentiel de la vie sociale de Bangkok. Une représentation théâtrale est donnée juste avant l'ouverture du bal. La scène se passe dans un pavillon appelé *Amphorn Gardens*, situé près de l'Assemblée nationale. Il campe le rôle d'un marchand de soie que des agents secrets poursuivent jusque dans une boîte de nuit, le *Golden Banana*. La haute société de Bangkok est présente à la soirée ; on peut y apercevoir des ministres et le chef des services secrets, seul Pibul manque. Au moment où la fête bat son plein, vers une heure du matin, les danseurs entendent des coups de feu provenant des environs de la rivière. Peu de temps après, quelqu'un fait irruption et affirme qu'un communiqué a annoncé la formation d'un nouveau gouvernement. Les officiels quittent le bal à la hâte.

Une heure plus tard, sans avoir eu de nouvelles plus précises, Thompson et son ami Tao Oum s'éclipsent également. Arrêtés à plusieurs reprises lors de leur traversée de la ville par des policiers aussi peu informés qu'eux sur l'évolution de la situation, ils parviennent finalement à l'*Oriental*. Thompson s'inquiète alors pour ses amis du Laos et du nord-est de la Thaïlande dont les engagements politiques sont jugés subversifs, et insiste donc pour que Tao Oum reste à l'hôtel. Si le gouvernement se sent réellement menacé, le coup d'État peut être utilisé comme prétexte à des règlements de comptes.

La situation reste trouble jusqu'au lendemain bien qu'il devienne de plus en plus évident que le renversement de régime est orchestré par des partisans de Pridi faisant partie de la Marine, et que l'ex-Premier ministre tente un retour. Des rumeurs indiquent qu'il se trouve à Bangkok et qu'il dirige lui-même les combats. L'armée soutient Pibul avec ferveur et Thompson racontera plus tard que les résidents de l'*Oriental* tentèrent de comprendre ce qui se passait en captant les liaisons radio entre l'armée et la Marine. Cette tentative représente le dernier espoir des partisans de Pridi car une action manquée, à laquelle s'ajouteraient les lourdes accusations de régicide, entamerait de façon définitive le crédit de l'ex-Premier ministre auprès de la population locale. Cela signifierait aussi la fin de la liberté d'opinion qui a jusque-là été relativement bien respectée, et équivaudrait pour certains à la condamnation à mort..

Personne ne se doute que le coup d'État était dès le début voué à l'échec ; l'organisation en était caduque et certains personnages-clé avaient décidé au dernier moment de se retirer. De plus, les deux structures les plus puissantes du pays, l'armée et la police, soutiennent activement le gouvernement en place. Comme les rumeurs l'ont annoncé, Pridi a en effet réussi à revenir à Bangkok et à assiéger le Grand Palais avec quelques autres. Mais sa retraite est pitoyable. Il lui faut en effet se jeter dans la rivière et nager pour échapper à ses poursuivants, abandonnant ainsi derrière lui une partie de ses compagnons. Comme prévu, sa réputation s'écroule. Ses partisans se retirent déçus par la vie politique ou se retrouvent en prison à la suite des nombreuses arrestations qui marquent la fin de cet épisode.

Thompson est bien plus touché par les conséquences du coup d'État que par ce qui s'est passé durant cette tentative de renversement du gouvernement.

Trois de ses amis sont arrêtés pour leur participation à l'ancien régime de Pridi et pour leurs activités anti-Pibul. Le premier a été ministre de l'Industrie, le second conseiller du ministre du Commerce et le troisième membre du gouvernement. Ils sont tous soupçonnés d'avoir activement participé au coup d'État.

Une semaine après la fin des combats, Thompson se rend avec Tao Oum au ministère des Affaires étrangères pour discuter de l'organisation d'une exposition de soie, à l'occasion d'un congrès international du commerce. L'officiel qui les reçoit est un ami avec qui il a souvent travaillé. Leur entrevue est interrompue par l'arrivée d'une dépêche annonçant la mort de trois membres de l'ancien gouvernement, et celle du conseiller du ministre des Finances sous Pridi.

Horrifié par ce qu'il vient d'entendre, Thompson se rend immédiatement à la résidence de l'ambassadeur Stanton. Après quelques coups de téléphone, le contenu de la dépêche est confirmé, et la tragédie lui apparaît alors dans toute son ampleur.

Le rapport de la police indique que le convoi menant les détenus vers une prison située en dehors de Bangkok est tombé dans une embuscade au cours de laquelle les quatre politiciens ont été abattus. La version officielle, truffée d'illogismes, n'inspire aucune confiance. Alexander MacDonald souligne ce fait dans son journal, le *Bangkok Post*, faisant preuve d'un très grand courage étant données les circonstances. Son article intitulé «La police décrit la mort de quatre hommes» retrace les propos des autorités.

«La police rapporte que les prisonniers étaient accompagnés de vingt gardes lorsqu'ils furent attaqués par deux voitures, tandis que le convoi se dirigeait vers la prison. Des coups de feu claquèrent et les quatre politiciens furent alors criblés de balles. Les mystérieux assassins disparurent immédiatement». Mac Donald termine son article de la façon suivante :

«Aucun des policiers n'a été tué ?» demanda un journaliste à Luang Pichit.

«Non», répondit celui-ci.

Il affirma que le camion dans lequel les hommes se trouvaient portait la trace de plus de quatre-vingt balles.

Un autre journaliste tenta de savoir pourquoi le professeur Thongplaew (l'une des victimes) portait des hématomes et avait les yeux gonflés. L'officier lui répondit que cela avait dû arriver pendant la fusillade. Il certifia qu'un rapport officiel serait rendu plus tard par la police de Bangkhen. «Les corps des quatre victimes ont été transportés hier vers quatre heures de l'après-midi au monastère de Makutkasat. Le visage du professeur Thongplaew portait des traces de coups et ses jambes étaient criblées de coups de feu. La jambe gauche de Nai Thawin avait été brisée et sa jambe droite atteinte en plusieurs endroits par les balles. La jambe droite de Nai Thong-in et celle de Nai Chamlong étaient cassées. Ce dernier avait les côtes fracturées. Tous avaient été blessés par balles. »

MacDonald entoure son article d'un liseré noir évoquant le deuil et rédige un éditorial à l'intention de ceux qui ne liraient pas entre les lignes du rapport, dans lequel il condamne ce qui s'est passé et avertit les dirigeants que les yeux du monde sont braqués sur eux. Mais la censure à laquelle le *Bangkok Post* est ensuite soumis le place dans une position délicate.

Le coup d'État grâce auquel Pibul accéda au pouvoir en 1947 s'était accompli sans effusion de sang. En revanche, celui de 1949 est ponctué pendant plusieurs mois, par une série d'assassinats. On accuse l'excès de zèle de la police, transformée en véritable armée s'occupant de toutes les enquêtes, sans que Pibul en soit forcément averti, dit-on. Quoi qu'il en soit, la tolérance n'est plus de mise et les éventuels détracteurs du régime sont systématiquement éliminés.

Un ancien commandant des «Free Thai» est tué lors d'un interrogatoire dans les locaux de la police. De même, la police tire sur un colonel appartenant également à ce mouvement, alors qu'il s'enfuyait après avoir été interpellé pendant qu'il se rasait. Les bâtiments dans lesquels a eu lieu le gala de l'AUAA sont réquisitionnés pour y interroger les centaines de suspects arrêtés.

Certains ne furent pas «jugés» tout de suite. Ainsi, l'un des amis de Thompson, avec qui il se trouvait dans le nord-est du pays plusieurs mois après le coup d'État, est arrêté à la sortie de son hôtel, puis abattu. Thompson ne l'apprendra que plus tard.

Tao Oum, proche de plusieurs des membres du gouvernement assassinés, a par conséquent toutes les raisons de croire que ses jours sont en danger. Il décide donc de rentrer dans son pays natal. Les Français l'y ont appellé pour décider d'un accord censé conduire son pays à la libération. Il doute de leur sincérité mais, ne pouvant plus s'accommoder des insupportables conditions de vie à Bangkok, il finit par accepter.

Un par un, les amis de Thompson disparaissent plus ou moins brutalement de la scène.

Chapitre 11

Ces événements choquent beaucoup Thompson. Ils signifient un changement radical dans la façon de gérer sa société. La disparition ou l'emprisonnement des amis qui l'ont aidé à entrer en contact avec les producteurs de soie, tout en lui prodigant de bons conseils, entraînent une réorganisation totale de la Thai Silk Company.

Mais cela n'est rien comparé à la terreur dont sont victimes ses amis asiatiques. Ces derniers lui ont appris à aimer l'Asie, encouragé et aidé aux moments où il en a eu besoin, sorti des ornières de la vie d'expatrié pour lui ouvrir les yeux sur une Thaïlande loin des mondanités. Thompson et MacDonald se rendent au temple bouddhique où se déroule le rite funéraire destiné à rendre hommage aux quatre officiels assassinés. Cette cérémonie marquera Thompson jusqu'à la fin de sa vie : la photographie des quatre hommes posée près des urnes funéraires ; leurs femmes et leurs enfants, sous le choc, rassemblés autour du crématorium, l'omniprésence des policiers en civil tentant de débusquer de nouveaux suspects.

Sa peine s'exprime surtout dans les lettres désespérées qu'il fait parvenir clandestinement à ses amis en les confiant à des voyageurs quittant le pays, de façon à éviter la censure. Ces lettres sont celles d'un homme profondément abattu qui prend conscience de la fragilité de ses idéaux. Nous ne prétendons pas juger dans cet ouvrage s'il avait raison de considérer les dirigeants des «Free Thai» comme le meilleur espoir de la Thaïlande, seul un historien mieux au fait des événements de l'époque pourrait s'y risquer. Ce qui marque cette période est avant tout l'abattement de Thompson qui le pousse maintes fois à envisager d'abandonner sa jeune entreprise et à se couper entièrement de cette partie du monde qu'il a tant aimée. Durant les années qui suivront le cauchemar, il se détachera de plus en plus de la vie politique, si bien que lors du renversement du gouvernement Pibul, il ne lui restera aucun ami susceptible d'être mis en prison et aucune lettre de désespoir à écrire. Cette fois-ci, Thompson s'inquiétera plus des effets économiques engendrés par le nouveau changement de pouvoir que des bouleversements sur sa vie privée.

Après avoir décidé de rester en Thaïlande, Thompson consacre la fin de l'année 1949 à une promotion plus active encore de la soie. Au-delà de son enthousiasme naturel pour cette étoffe, il doit occuper son esprit pour tenter d'oublier la tragédie qui vient de le frapper. Au même moment, il accueille un ami de son frère, Charles Baskerville, un peintre de New York très en vogue, de retour d'Inde, où il a exécuté des portraits du Premier ministre Nehru et du roi du Népal. Baskerville est un homme plein de charme, très distingué, et sa compagnie réconforte énormément l'Américain après les événements effroyables qu'il vient de vivre.

«Nous demeurions tous les deux à l'*Oriental*, se souvient Baskerville, qui était à l'époque un endroit assez simple. Les chambres avaient des portes battantes, comme celles des saloons. On se lavait dans de grandes jarres à l'aide d'un petit récipient de fer blanc. Pendant la journée, je faisais des aquarelles, je visitais Bangkok et rendais visite à Thompson et à ses tisserands. Il organisa une fête pour mon anniversaire dans les jardins de l'hôtel, près de la rivière, là où est aujourd'hui située la piscine. Monsieur et Madame Peng, un couple laotien qui s'était associé à Thompson, organisèrent un dîner pour mon départ pendant lequel nous dansâmes tous le *ram wong*, danse traditionnelle. La musique sortait de hauts tuyaux rouges que manipulait le mari de l'une des employées de Thompson. Je garde un souvenir joyeux de ce monde alors encore préservé.»

Charles Baskerville possède de nombreux amis à New York, parmi lesquels l'éditrice de mode, Diana Vreeland à qui il apporte plusieurs coupons. De son côté, Thompson se rend fréquemment dans cette ville et y crée une agence, la Thaibok, chargée de la distribution de ses tissus dans tous les États-Unis. C'est la première étape d'un réseau de distribution qui se développera par la suite dans de très nombreux pays.

Grâce à toutes ces démarches, la soie thaïlandaise est de plus en plus connue si bien que la costumière Irene Sharaff décide d'utiliser le textile exotique pour la comédie musicale de Rodgers et Hammerstein, *Le Roi et Moi*. Cette soie a déjà été utilisée à Broadway par Mike Todd pour son *Peepshow*. Celui-ci avait découvert au moment de l'élaboration de ce spectacle que le roi de Thaïlande était un musicien de jazz confirmé. Il avait décidé alors d'utiliser certaines de ses chansons, espérant ainsi donner une autre dimension à sa comédie. Ayant obtenu gain de cause, la composition du souverain, intitulée *Blue Moon*, fit l'objet d'un numéro spécial dans lequel les danseuses portaient des *pakoma* (costume habituellement réservé aux hommes) bleus et verts. C'est ainsi, et en feuilletant les magasines de mode, qu'Irene Sharaff a repéré la soie thaïlandaise.

Le Roi et Moi est tiré d'un ouvrage de Margaret Landon, *Anna et le Roi du Siam*, déjà adapté au cinéma. Cette dernière est mariée à un missionnaire américain ayant longtemps vécu en Thaïlande et ami de Thompson. Elle s'est inspirée des mémoires d'Anna Leonowens, *The English Governess at the Court of Siam*, pendant un temps chargée de l'éducation du futur roi Chulalongkorn, fils du roi Mongkut, connu dans l'histoire de la Thaïlande sous le nom de Rama IV. Ce dernier était un monarque remarquable qui continue aujourd'hui encore d'être vénéré. La caricature cruelle qu'Anna Leonowens en fait dans son ouvrage offensa profondément les Thaïlandais, si bien qu'il est encore mal venu de nos jours d'évoquer le nom de la romancière. C'est pourquoi le film *Le Roi et Moi* ne sera jamais projeté en Thaïlande bien que les ouvrages de Margaret Landon et d'Anna Leonowens soient disponibles dans les librairies du pays.

Thompson travaille en collaboration étroite avec Irene Sharaff sur les costumes du spectacle et se documente dans de vieux ouvrages sur les coutumes locales. Il s'agit du plus excitant défi relevé par la Thai Silk Company et il est pleinement conscient de la publicité qu'il peut en tirer. La star du spectacle, Gertrude Lawrence, se prend de passion pendant les répétitions pour le personnage qu'elle incarne et pour la Thaïlande. Elle a rencontré Thompson lors de l'un de ses premiers voyages à New York et ils sont devenus rapidement amis. Elle lui a recommandé Joshua Logan et Ward More, respectivement metteur en scène et critique, lors de leur passage à Bangkok. Fort heureusement, elle transforme le personnage d'Anna en une personne rayonnante et élégante, alors qu'elle apparaissait dans ses propres écrits comme peu soignée, désagréable et un peu ridicule, même selon les critères victoriens. De même, le personnage interprété par Yul Brynner est très éloigné du roi Rama IV. Ce dernier était plutôt austère, ayant passé une partie de sa vie dans les ordres, et était âgé d'environ cinquante ans lorsqu'il fit la connaissance d'Anna. Une liaison entre eux était absolument inenvisageable et on n'aurait jamais pu le surprendre en train de danser la polka, au contraire de ce que suggérait la mise en scène.

Malgré les transformations romanesques apportées à l'histoire de la Thaïlande, la comédie musicale est un grand succès et les costumes de véritables merveilles. La soie thaïlandaise a acquis ses lettres de noblesse et les commandes affluent.

Chapitre 12

Au début des années cinquante, le marché de la soie est en plein essor. Thompson a ouvert un petit magasin sur la Suriwong Road et les tisserands, voyant les résultats de leurs efforts récompensés, produisent en un mois plus de soie que jamais. Il comprend alors qu'il va être amené à passer dans le pays une grande partie de son temps, et commence à chercher sérieusement un endroit où s'installer.

Il loue tout d'abord une petite maison au bout de Sathorn Road, à mi-chemin entre son magasin et ses ateliers. Lorsqu'elle devient trop exiguë pour répondre à ses croissantes obligations sociales, il décide de faire construire une maison sur une parcelle de terrain situé non loin de là, au bord d'un *klong* sur la route de Lumpini Park, appartenant à l'un de ses amis thaïlandais. À cette époque, avant que le prix des terres à Bangkok n'atteigne celui des grandes villes américaines, on trouve encore ce genre de terrains vagues partout dans la ville, et il est courant qu'un propriétaire autorise leurs amis à y construire des demeures et à les habiter sans payer de loyer, cela pour une période déterminée après laquelle la maison lui revient. Thompson, dont c'est là le premier exercice d'architecture tropicale, essaye en la dessinant de reproduire à échelle réduite les vieilles demeures spacieuses de Bangkok. Le salon et la salle à manger ouvrent sur le *klong*, donnant à ces deux pièces des allures de terrasses. Les moustiques y circulent librement, mais il affirme que cela ne le dérange pas ; pour les invités plus fragiles, on sort des tortillons et des flacons d'insecticide à l'odeur puissante. À l'étage, il y a deux chambres et une salle de bain de style local. Thompson a dessiné les plans du petit jardin et s'est occupé des plantations avec un enthousiasme digne de celui de sa mère. C'est dans cette maison qu'il reçoit régulièrement et commence à rassembler la fameuse collection d'antiquités qui va devenir presque aussi célèbre que son industrie de la soie.

À cette époque, peu de gens s'intéressent aux objets d'art d'Asie du Sud-Est. Les rares collections privées ressemblent trop souvent à des amas de reliques poussiéreuses, conservées plus par respect pour le passé que par admiration réelle. À cause de cette indifférence générale et du nombre restreint de touristes, les boutiques de Bangkok, et plus particulièrement celles du quartier chinois de Nakorn Kasem, recèlent une foule de trésors inconnus et délaissés : des représentations et des fragments de Bouddha, des étoffes illustrant des légendes thaïlandaises, des porcelaines de Chine et de Thaïlande, des meubles et des objets en bois sculpté. Les boutiques regorgent d'antiquités qui proviennent des vieux palais désormais remplacés par des constructions modernes. L'application de la loi .interdisant les fouilles de l'ancienne capitale Sukhothai est rendue impossible par l'étendue des ruines. Ce n'est que par la suite, au moment où les prix auront augmenté, qu'une action efficace sera mise en place pour protéger les trésors du pays.

Thompson passe presque tous ses dimanches après-midi à chiner dans les allées de Nakorn Kasem. De même, il se rend régulièrement à Ayutthaya, où certaines boutiques exposent presque ouvertement le produit des pillages. Personne ne pourra jamais l'accuser de pédanterie et sa passion sera toujours empreinte d'une certaine humilité. Bien qu'il lise chaque livre disponible sur l'art de la région et qu'avec le temps et l'expérience il soit presque devenu une autorité en la matière, il ne sera jamais un expert au même titre, par exemple, que son camarade de Princeton, Alexander Griswold, ancien membre de l'OSS qui a, en effet, écrit plusieurs excellents ouvrages sur l'art thaïlandais. Cette carence le préoccupe beaucoup, et il se tient sur la défensive lorsqu'on aborde le sujet. On peut cependant affirmer qu'il n'a pas l'étoffe d'un universitaire et que c'est un rôle qui ne lui conviendrait pas. Comme tous les collectionneurs, il apprend à apprécier certaines œuvres et certaines périodes qui ne l'intéressaient sans doute pas au début. Cependant, son goût instinctif est toujours resté son principal critère de sélection.

Sa collection offre donc un aspect assez hétérogène : elle renferme à la fois des pièces extrêmement rares et d'autres qui ne revêtent qu'une valeur sentimentale. Il conserve ainsi des copies ; simplement parce que ces objets lui plaisent. Contrairement à ce qui a été dit, sa maison n'est pas un musée, et les objets ne sont pas choisis pour leur rareté ou leur éventuelle valeur marchande, mais parce qu'il les aime.

Au début, il achète essentiellement des objets thaïlandais, mais, peu à peu, ses intérêts s'élargissent aux autres pays d'Asie du Sud-Est. Il ne s'attache cependant pas très longtemps à l'art chinois, et n'appréciera jamais les antiquités japonaises. (Il ne se rendra au Japon qu'une fois, un an avant sa disparition, où il fera une halte de quelques jours à Tokyo et à Kyoto. De même, il lui faudra près de vingt ans avant d'effectuer son premier voyage à Hong-Kong, qui n'est pourtant qu'à deux heures d'avion de Bangkok.) Peu après son arrivée en Thaïlande, Thompson a été frappé par les peintures traditionnelles, qui sont parmi ses premières acquisitions. À cette époque, elles ne font pas encore l'objet de spéculations. Cette forme d'art était tombée dans l'oubli, et Thompson sent qu'il faut absolument sauver le plus d'œuvres possible avant que les ravages du climat tropical ne les dévastent entièrement. Ces peintures sont pour la plupart réalisées sur coton, de tailles variées, certaines pouvant atteindre l'envergure de tapisseries. Elles content généralement la vie de Bouddha ou la légende populaire du prince Vessantara qui a atteint la sagesse en abandonnant toutes ses possessions terrestres, y compris sa femme et ses enfants (qu'il retrouvait heureusement à la fin). La plupart de ces peintures sont des créations de prêtres ou d'artistes anonymes qui honoraient les commandes de bouddhistes dévôts. Elles sont de qualité très inégale, cependant toutes véhiculent un enseignement religieux. La majorité, d'une naïveté touchante, ressemble à des dessins d'enfant, mais on trouve aussi de véritables chefs-d'œuvre. Il permet à de nombreux Occidentaux de découvrir cet art en exposant ses plus belles pièces dans divers musées américains, démarche pour laquelle il a reçu le soutien du ministère de la Culture thaïlandais. Il fait également don d'un certain nombre d'entre elles aux musées du pays qui possèdent déjà des œuvres d'Asie du Sud-Est.

De nos jours, toutes les œuvres d'art sont allégrement copiées, et ce avec une telle habileté que les experts eux-mêmes s'y trompent. Les touristes, plus dupes encore, ont ainsi rendu cette «industrie» prospère. Plus d'un musée a été berné et l'une de ces «nouvelles antiquités», comme les appellent les marchands de Bangkok, est encore exposée aujourd'hui comme l'un des chefs-d'œuvre du XIVe siècle. Lorsque Thompson commence à fréquenter les boutiques de Nakorn Kasem, il n'y a que très peu de copies et les beaux objets ne coûtent pas très cher. Il devient de plus en plus sensible aux subtilités des icônes, fasciné par la simplicité naïve des premières périodes, tout comme par l'élégance hautaine des œuvres de Sukhothaï et d'Ayutthaya.

À mesure que le temps passe, le regard que Thompson porte sur sa collection se modifie : plus encore que son goût personnel, elle représente une partie du patrimoine culturel du pays et un moyen de le conserver. Il se rend compte que la constitution de sa collection est la seule façon de sauvegarder ces trésors. (Il y a aujourd'hui encore en Thaïlande des milliers de temples et de ruines inexplorés, certains datant de l'époque préhistorique.) Le ministère de la Culture, auquel revient théoriquement la charge de fouiller les ruines et de recueillir les antiquités, n'a ni les fonds ni le personnel adéquat pour s'occuper convenablement de cette masse de travail, et le Musée national est à l'époque beaucoup trop petit pour exposer ne serait-ce qu'une partie des découvertes. Le même problème touche les temples de province dans lesquels de magnifiques peintures murales s'effritent lentement, pourrissant peu à peu au rythme des saisons pluvieuses. De nombreux bouddhistes sont persuadés qu'il est préférable de construire de nouveaux temples plutôt que de restaurer les anciens, ce qui complique encore la question. Ainsi, l'argent qui pourrait être utilisé pour sauver un monument ancien, sert à en ériger un moderne qui ne présente que rarement un travail d'une qualité équivalente. Les restes de l'ancien édifice sont négligemment empilés et oubliés dans un coin. Le péril encouru par les œuvres va au-delà même des détériorations naturelles : il est facile pour un marchand de Bangkok, un peu rusé, de flouer un prêtre de campagne en lui proposant d'échanger une icône du XIVe siècle contre une copie neuve ou une somme dérisoire. On retrouve alors cette œuvre à Nakorn Kasem et, peu après, un touriste l'achète et l'emporte vers Mexico ou Cleveland.

Thompson s'inquiète de la dilapidation du patrimoine artistique de la Thaïlande, et est convaincu qu'il vaut bien mieux que ces œuvres soient en possession de collectionneurs privés ; exposées ou non, elles sont ainsi protégées et restent dans le pays. Son point de vue ne fait pourtant pas l'unanimité, parce qu'il touche un point délicat de l'identité religieuse du pays. Il faut en effet savoir qu'aux yeux des Thaïlandais, une représentation de Bouddha est toujours beaucoup plus qu'un simple objet d'art. Dans les maisons, une place d'honneur est attribuée à Bouddha, un petit autel lui est souvent dédié où des offrandes sont régulièrement déposées : le symbole est infiniment plus important que la valeur marchande ou artistique.

Quelques bouddhistes plus orthodoxes se sont plaints qu'on attache tant d'importance aux images, ce qui est contraire aux enseignements de Bouddha ; mais de tels arguments n'ont guère d'effets sur des gens dont les réactions sont toujours à vif, passionnelles, plutôt que tempérées par la réflexion. Lorsque les Birmans ont envahi la ville d'Ayutthaya en 1767, ils l'ont non seulement pillée et brûlée, mais dans un inconcevable acte de vandalisme — puisqu'eux aussi étaient bouddhistes — ils ont décapité et mutilé la plupart des nombreuses statues de Bouddha (c'est d'ailleurs l'une des raisons pour laquelle il y a tant de têtes de Bouddha en vente à Bangkok). Pour un Thaïlandais se remémorant la plus grande catastrophe de l'histoire de son pays, cet acte est plus terrible que la destruction même de la ville, et il compte pour beaucoup dans le sentiment anti-birman qui subsiste encore aujourd'hui : un homme d'affaires cultivé affirmait il n'y a pas si longtemps à un ami occidental que les problèmes actuels de la Birmanie pouvaient bien être attribués à une vengeance des dieux en retour de la désacralisation des statues d'Ayutthaya.

Même dans les musées de Thaïlande, l'exposition des représentations de Bouddha reste un sujet très délicat. Si le musée comporte deux étages, elles seront de préférence exposées au second, de sorte que les visiteurs ne soient jamais placés plus haut qu'elles. Chez les particuliers, surtout chez les étrangers, le problème se complique à l'extrême. Thompson ne réussira jamais à dominer le vague ressentiment qu'il a face à ces soumissions religieuses, il a pourtant toujours veillé à n'offenser personne par la disposition de ses œuvres. Finalement, après ses démêlés avec le ministère de la Culture, il se défera de presque toutes ses statues thaïlandaises représentant Bouddha, et se limitera à celles des pays voisins.

Certains de ses plus beaux trésors proviennent de Birmanie ; il les a achetés dans les années cinquante, lors de ses visites dans ce pays, invité par le gouvernement birman et les Nations Unies pour conseiller le lancement d'une industrie de la soie. Thompson est très impressionné par la qualité de la soie birmane, et il participe à l'installation de nombreux métiers à tisser. Les problèmes politiques qui suivirent eurent cependant raison de l'industrie avant qu'elle n'ait eu le temps de se développer. Lors de l'une de ses excursions dans la campagne birmane, Thompson découvre dans un temple près d'Amarapura une série de magnifiques statuettes en bois, en train de pourrir. Il apporte les fonds nécessaires à la construction d'un autel et, en remerciement, les autorités lui en offrent quelques-unes. Il a également un coup de cœur pour les tapisseries birmanes, tissées sur velours et piquées de perles de verre ou de graines. Pour donner un regain de vie à cet art agonisant, il réunit un groupe de vieux artisans et leur commande des tapisseries qu'il expédie aux États-Unis pour tenter de relancer le marché ; en dépit de l'admiration qu'elles suscitent Thompson se heurte, là encore, à un échec, les conditions en Birmanie n'étant pas favorables à la mise en place d'une entreprise de ce type.

Chapitre 13

Il était inévitable qu'avec l'extension de son industrie et celle de sa collection d'œuvres d'art, la réputation de Thompson s'étende hors des frontières de Thaïlande. Après avoir été invité en Birmanie, Thompson est appelé par la Syrie, le Pakistan de l'ouest ou la Malaisie pour tenir ce même rôle de conseiller. Les éléments indéniablement romanesques de sa vie participent à la popularité de la légende : Thompson n'a-t-il pas réalisé ce que tout homme mûr rêve de faire, avec pour seules armes son imagination et son courage ? *The Reader's Digest* est l'une des premières publications à attirer l'attention de son large public sur cet Américain qui a accompli un miracle dans un pays dont les Occidentaux se soucient à peine *Time, Life, Newsweek* et le *New York Times* prennent la relève en publiant leur propre version de l'histoire, et des articles sur la soie paraissent dans des magazines de mode tels que *Vogue* ou *Harper's Bazaar*.

Des écrivains comme Philip Wylie ou Santha Rama Rau se

rendent à Bangkok et publient des comptes rendus de leurs voyages dans lesquels Thompson et son industrie tiennent une large place. Le héros du jour reçoit un courrier abondant après chaque publication. Il s'agit le plus souvent de commandes, mais aussi parfois de lettres très personnelles de femmes d'Europe ou d'Amérique lui proposant généreusement leurs services comme assistantes ou compagnes des vieux jours, certaines allant même jusqu'à appuyer leurs requêtes de photographies.

Au début des années cinquante, les touristes affluent en Thaïlande ; à peine ont-ils trouvé un hôtel qu'ils se dirigent tout droit vers la Thai Silk Company. La boutique est devenue le principal lieu de rencontre des étrangers à Bangkok. Thompson passe rapidement du rôle de personnage pittoresque à celui de l'étranger le plus célèbre de Bangkok, si ce n'est de l'Asie entière.

Un homme plus effacé pourrait être déconcerté par cette brusque popularité, et Thompson se plaint parfois de n'avoir presque plus de temps libre. Cependant il est sociable, aime à rencontrer des gens différents et déteste passer ses soirées seul. Ainsi, tous ceux, ou presque, qui se présentent à sa boutique avec une lettre d'introduction sont conviés à dîner, tout comme ceux qui ne se présentent avec rien d'autre qu'un visage avenant et une certaine curiosité pour la Thaïlande. Sa petite maison, qui se remplit de jour en jour d'objets et de meubles, voit se dérouler des soirées quotidiennes auxquelles participent des invités tels que Barbara Hutton, qu'il avait connue à New York, le sénateur Fulbright, Truman Capote, Cecil Beaton, Joseph Alsop, Joshua Logan, des gens de théâtre, des politiciens, des éditeurs, des journalistes, des critiques d'art, des diplomates, et d'autres encore, anonymes mais amis de Thompson.

Un résident de Bangkok qui a assisté à plusieurs de ces réceptions s'émerveille encore de son admirable résistance physique qui, même après une épuisante journée de travail, ne semblait pas fléchir, et de son inaltérable hospitalité. «Nuit après nuit, se souvient son ami, on lui posait les mêmes questions sur lui, sur la Thaïlande, sur tel ou tel sujet. Et nuit après nuit il fournissait les mêmes réponses, avec autant de politesse et d'enthousiasme que s'il les donnait pour la première fois.

Contrairement à ce que l'on pourrait croire, c'était loin d'être facile. Même les gens les plus intelligents et les plus raffinés deviennent incroyablement naïfs lorsqu'ils pénètrent dans un monde dont la culture leur est totalement étrangère. Je n'ai jamais rencontré personne d'aussi patient que Jim vis-à-vis de ce phénomène. Il est impossible de savoir combien de personnes doivent leur amour pour la Thaïlande à une soirée passée en sa compagnie».

C'est également à cette époque que Thompson forme le personnel qui va lui rester fidèle. Ses domestiques les plus importants sont le cuisinier chinois Tun et le garçon de maison Yee. Tous deux s'adaptent remarquablement bien à son rythme de vie effréné dont la seule constante est la possibilité que «quelqu'un» vienne dîner, bien souvent des inconnus de dernière minute. Ni le cuisinier ni le garçon ne parlent anglais, et comme Thompson ne parle pas thaïlandais, on pourrait craindre que l'organisation domestique ne tourne rapidement à l'anarchie. Ils mettent cependant au point un système de communication par signes, qui se perfectionne au cours des années, et les écueils sont ainsi évités.

Bien avant la fin du bail de dix ans, il devient clair que la petite maison n'est guère appropriée à la vie de Thompson. Il est évident qu'il n'y a bientôt que deux solutions : agrandir la maison, ou déménager. Après réflexion, il décide de faire construire une demeure de style thaïlandais répondant à ses besoins.

Personne parmi ses amis à Bangkok ne se souvient du moment exact où il prend cette décision, mais il est probable qu'il y pense depuis des années. L'architecture traditionnelle est l'une des grandes fiertés du pays ; les premiers touristes européens ont décrit avec admiration les toits en pente des temples, dorés et étincellants dans la lumière du soleil, les résidences privées le long des *klong*, plus simples et plus pratiques mais construites avec cette même élégance qui leur donne une dimension magique. Le bois est évidemment le matériau de base, les meilleurs bâtiments étant réalisés avec le teck dur et résistant des grandes forêts du Nord. Les maisons ressemblent aux temples, avec leurs toits pentus qui semblent s'élancer vers le ciel, leurs serpents stylisés aux extrémités des avant-toits, et leurs murs légèrement inclinés vers le centre, augmentant l'illusion de hauteur et leur conférant une grâce étrange. Leur caractère fantaisiste va au-delà des exigences pratiques ou symboliques, c'est une espèce «d'humour architectural» : non seulement les constructions sont magnifiques, mais en plus elles sont amusantes.

La maison traditionnelle est adaptée aux coutumes du pays comme à son climat. L'une de ses principales caractéristiques est la facilité avec laquelle elle peut être montée, les Thaïlandais ayant en fait inventé le «préfabriqué» bien avant les Occidentaux. Les maisons sont divisées en sections, chacune d'elles formant un mur, qui peuvent être aisément assemblées et rattachées à des piliers en bois grâce à un système de chevilles. Si les propriétaires désirent s'installer ailleurs, comme c'est souvent le cas, il suffit de démonter les murs : on les empile sur un radeau et on se rend du *klong* le plus proche au nouveau lieu de résidence.

Les maisons sont presque toujours surélevées. Cette particularité protège à la fois de la chaleur, des marées, des animaux, tout en fournissant un espace pratique pour entreposer les provisions. Dans les parties habitées, la simplicité et l'aération sont de mise. On laisse généralement les murs nus, ils sont rarement peints, parfois huilés. Les familles ne sont pas gênées par la promiscuité : différentes générations s'entassent souvent dans une même pièce, parfois cloisonnée par des alcôves pour satisfaire aux convenances. Il n'y a que peu de décoration, ce qui souligne une fois encore le contraste frappant avec les temples et les palais qui en sont presque toujours surchargés ; les seuls éléments que l'on retrouve régulièrement sont ces panneaux sculptés de motifs chinois, placés sous les fenêtres et parfois au-dessus des portes, ou ces spirales que forment les extrémités des toits, probablement inspirées de la décoration des vieux temples khmers. Le seuil des portes est surélevé, peut-être par superstition — pour empêcher les mauvais esprits de se glisser la nuit dans les maisons et de déranger le sommeil des habitants — plus probablement pour que les murs soient solidement maintenus.

Avant la guerre, il y avait à Bangkok des centaines de ces vieilles demeures, mais lorsque Thompson arrive il n'en reste plus que quelques-unes dans les plus vieux quartiers de la ville, comme dans le village de Bangkrua, ou dans la campagne autour d'Ayutthaya. On juge ces maisons démodées et inadaptées aux grands changements qui s'accomplissent dans le pays. Le genre «ranch américain» est particulièrement populaire, on copie les maisons occidentales des magazines dans leurs moindres détails, jusqu'aux fenêtres panoramiques qui transforment les lieux sans air conditionné en boîtes asphyxiantes. Les quelques Thaïlandais de la haute société qui possèdent des résidences traditionnelles à Bangkok ne les habitent presque jamais. Ils les utilisent pour les cérémonies et les réceptions, mais préfèrent vivre dans une maison de style européen. Au milieu des années cinquante, alors qu'ils s'occupent activement à faire construire des maisons pour les louer aux étrangers, les promoteurs de Bangkok considèrent comme de la folie pure l'idée de bâtir quoi que ce soit de vaguement apparenté au style local, étant persuadés que les nouveaux venus recherchent la réplique exacte de ce qu'ils ont laissé chez eux.

Cette attitude changera au cours de la dizaine d'années qui suivra la construction de la maison de Thompson, ce qui est l'un des signes de l'influence considérable qu'il a exercée. Sa demeure est rapidement devenue l'un des attraits de la capitale, aussi célèbre dans son genre que les temples et le marché flottant. Directement ou indirectement, c'est grâce à Thompson qu'il est aujourd'hui du meilleur ton de posséder une maison de style thaïlandais ; les villages des provinces éloignées se sont habitués à voir des acheteurs leur proposer des sommes fabuleuses pour des demeures ancestrales. Un certain nombre de maisons traditionnelles, ou faussement traditionnelles, ont été construites dans le but d'être louées à des étrangers.

Le plus étonnant, c'est que quelques Thaïlandais très aisés ont abandonné leurs demeures modernes et sont retournés à l'architecture du pays. La plupart d'entre eux refuseraient d'admettre qu'ils n'ont agi ainsi parce qu'un Américain a ouvert la voie. Peut-être n'a-t-il pas «sauvé» l'architecture locale comme il l'a fait de la soie, mais il a joué un rôle important en lui redonnant des fastes oubliés. En bâtissant sa maison, il se lancera dans une aventure qui lui apportera plus de satisfaction que tout le reste, la soie mise à part. En même temps, c'est un chapitre de plus qu'il ajoutera à sa légende.

Chapitre 14

Thompson doit faire face à une foule de problèmes, le premier étant la recherche du terrain. La loi autorise les étrangers à acheter un *rai* (ce qui correspond environ à un quart d'hectare) à des fins résidentielles dans la mesure où les citoyens thaïs peuvent bénéficier du même privilège dans le pays d'origine de l'acheteur. Le Delaware accède à cette requête, Thompson peut donc bâtir sur son *rai* s'il en trouve un à son goût. Il a remarqué un terrain, situé juste entre le *klong* Maha Nag (l'un des plus larges de la ville) et le village de tisserands qu'il visite quotidiennement, ayant fait partie naguère d'un grand domaine sur lequel une famille princière possédait un palais d'été. Ce domaine, découpé en parcelles vendues aux promoteurs immobiliers à bas prix, a perdu son côté rural mais garde encore quelques aspects qui ravit la nostalgie de Thompson pour le Bangkok d'antan. Des scènes pittoresques se succèdent alors le long du *klong*. (Bien que ce lieu soit à présent en plein centre de la ville moderne, tout près du stade national, il y flotte encore un parfum de passé, les bruits sont assourdis par les arbres arqués au-dessus de l'eau et il semble que même l'allure des pas y soit plus douce.)

C'est exactement le genre de lieu qu'aime Thompson et après quelques négociations l'affaire est conclue. Il décide alors de racheter de vieilles demeures qui ont résisté au temps (certaines ont plus d'une centaine d'années) pour en récupérer certains éléments. Il serait beaucoup trop coûteux de chercher à égaler ces chefs-d'œuvre d'architecture traditionnelle en cherchant à les copier, en supposant que cela soit seulement possible.

La demeure finalement bâtie est composée de six sections, dont la plus importante, qu'il transformera par la suite en salon, provient d'une maison du début du XIXe siècle, située dans le village des tisserands ; elle a abrité plusieurs générations d'une même famille, dont les cinq héritiers étaient tous impatients de vendre. Les murs sont en teck, les panneaux sous les fenêtres sont délicatement sculptés, et les lames du parquet sont patinées par de nombreuses allées et venues. Lors de l'assemblage, les murs sont retournés de telle sorte que les sculptures soient à l'intérieur, puisque ces derniers peuvent être indifféremment placés d'un côté ou de l'autre. Ce qui va devenir la cuisine vient également du village de tisserands, date du milieu du XIXe siècle, et a fait partie d'un palais vendu et transféré à Bangkrua cinquante ans auparavant.

Thompson découvre dans la province d'Ayutthaya, au nord de Bangkok, un grand nombre de maisons anciennes. Il profite de ses dimanches pour les visiter, et continue par ailleurs d'acheter des antiquités. Il trouve la plupart de ce dont il a besoin dans le village de Pak Hai, au nord-ouest de la capitale. À Ayutthaya, Thompson acquiert aussi des grosses briques du XVIIe siècle, qui ont perdu leur éclat et dont il se sert pour recouvrir sa terrasse surplombant le *klong*. Il déniche de même quelques magnifiques tuiles chinoises vertes, utilisées pour lester les bâteaux de riz revenant de Chine, qu'il fait installer sur le parapet de sa terrasse.

Pour résoudre les problèmes complexes que pose l'agencement de tous ces éléments, Thompson fait appel à un jeune architecte thaïlandais. La maison reste néanmoins sa propre création, puisqu'il s'avère que son associé, formé aux méthodes de construction occidentale, est aussi peu renseigné que lui sur les subtilités de l'architecture traditionnelle. Le même schéma se produit avec les ouvriers de Bangkok : appelés pour restaurer certaines parties endommagées et pour créer les pièces manquantes, ils ont depuis longtemps oublié les techniques anciennes, et il est finalement nécessaire d'avoir recours à un groupe de menuisiers travaillant encore selon les méthodes ancestrales.

Thompson souhaite que sa demeure soit la plus authentique possible mais il désire cependant un certain confort, ce qui nécessite quelques variations par rapport à la structure initiale.

Ainsi, il fait placer à l'intérieur un escalier menant au premier étage qui, traditionnellement, serait à l'extérieur, et des salles de bains avec des toilettes, au lieu de l'ordinaire abri avec un trou à même le plancher, endroit généralement tenu à l'écart de la maison.

Il y a néanmoins un point sur lequel il ne déroge pas aux règles anciennes : il se soumet aux nombreuses cérémonies religieuses qui rythment la construction de la plupart des édifices dans le pays. Ces cérémonies ne sont pas bouddhiques au sens strict du terme, le bouddhisme ne reconnaissant pas l'existence de bons ou de mauvais esprits, mais en Thaïlande comme dans les autres pays d'Asie du Sud-Est, les croyances parallèles ont obstinément refusé de disparaître et sont mêlées au culte avec complaisance. On trouve ainsi dans les temples à la fois des diseurs de bonne aventure et des autels pour les esprits ; de la même façon, les prêtres participent aux cérémonies destinées à apaiser le monde invisible.

Trois cérémonies sont jugées indispensables. La première a lieu le 15 septembre 1958, à neuf heures du matin précisément — le moment et la date les plus favorables selon les calculs astrologiques. Un nombre considérable d'amis et de tisserands sont présents, un prêtre brahmane et neuf prêtres ordinaires venus d'Ayuthya psalmodient des prières pendant que la première colonne de teck est dressée. Des bols de nourriture sont placés aux points stratégiques de l'enceinte pour encourager les esprits de la terre à veiller sur la maison, sur ses ouvriers et sur ses futurs occupants.

La seconde cérémonie est organisée vers la fin des travaux ; il s'agit de choisir le lieu où l'autel des esprits serait placé. Ces petits autels, souvent des répliques de maisons ou de temples, sont censés fournir un foyer aux esprits des lieux dont le pouvoir est considérable. Lorsque les habitants se heurtent à des problèmes relationnels ou domestiques, sont victimes de cambriolages répétés, ou subissent des échecs professionnels, on peut très souvent en imputer la cause au mécontentement des esprits, soit parce que l'emplacement de leur autel ne leur convient pas (il ne doit jamais être touché par l'ombre de l'édifice principal), soit parce qu'ils ne sont pas satisfaits de la qualité ou de la quantité des offrandes de nourriture et de fleurs qui leur sont quotidiennement adressées. Le propriétaire n'est pas obligatoirement coupable de négligence, comme le prouve l'exemple de cet homme d'affaires qui, bien qu'ayant rempli avec diligence ses devoirs envers les esprits, restait confronté à d'inexplicables problèmes dans sa vie familiale comme dans sa vie professionnelle. Dans de telles circonstances, il ne restait plus qu'à faire appel à un sorcier qui mit un certain temps avant de se prononcer. Son diagnostic fut assez surprenant : de confession musulmane, les esprits du lieu n'avaient pas apprécié de trouver du porc dans la nourriture qui leur était offerte chaque jour. Cet affront à leur régime fut rapidement corrigé, et à partir de ce moment la vie de l'homme d'affaires se transforma du tout au tout.

Afin de savoir où placer l'autel, Thompson a recours à un prêtre spécialisé. La plus grande partie de la matinée est nécessaire pour déterminer l'emplacement idéal : un coin éloigné qui surplombe le *klong*. Par chance, ce choix correspond à ses vœux. Le prêtre consulte également une série compliquée de tableaux astrologiques lui permettant d'établir un arbre généalogique des esprits des lieux qui remonte à plus de deux mille ans.

La troisième et dernière cérémonie est de loin la plus importante et la plus élaborée, elle marque l'achèvement officiel de la maison. Selon la tradition, il y a des jours et des mois plus favorables que d'autres pour emménager, commencer des travaux de construction, se marier, être opéré, ou entreprendre un voyage, et le choix d'une date propice implique des calculs complexes. Le jour déterminé peut ne pas convenir à l'intéressé, ou même ne pas correspondre à l'achèvement réel de la maison, en dépit des efforts déployés. En l'occurence, la date retenue devance de quelques semaines la fin des travaux. Bien que les lieux ne soient pas encore habitables, la cérémonie se déroule le jour dit, et Thompson passe une nuit à même le sol de sa chambre inachevée pour observer les règles.

Cette ultime cérémonie a lieu le 3 avril 1959, un peu moins de sept mois après que la première colonne a été érigée. Neuf prêtres chantent les prières d'usage, assis en rang face au *klong*, vêtus de robes safran, et un prêtre supérieur bénit la demeure. On tend symboliquement une corde autour du périmètre de la propriété, reliée à chacun des bâtiments, qui doit être laissée en place jusqu'à ce qu'elle pourrisse pour que sa protection magique soit efficace. On applique au-dessus des portes principales et sur le front du propriétaire des feuilles d'or et de la poudre de santal, puis on asperge les lieux d'eau limpide. La demeure ayant ainsi été bénie, purifiée et protégée, un grand festin est servi aux prêtres, et ce qui va bientôt être simplement décrit dans les guides touristiques comme «la maison thaïe de Jim Thompson» est considérée comme enfin achevée par les instances religieuses.

Chapitre 15

Bien avant cette cérémonie finale, on parle déjà allègrement de la maison à Bangkok, et presque chaque jour des visiteurs viennent voir les progrès des travaux et s'extasier sur l'évolution de la construction. L'actrice de cinéma Anne Baxter fait une halte en Thaïlande lors d'une tournée en Extrême-Orient — comme beaucoup d'autres, elle a été recommandée à Thompson — et visite sa future demeure. Elle est tellement enchantée qu'elle insiste pour revenir de nuit afin de l'admirer depuis le *klong* éclairé par la lune. La maison fait l'objet d'un film documentaire, et les tisserands assistent avec délectation au tournage. Une fois installé, Thompson commence à organiser ses réceptions et le spectacle devient plus amusant encore ; il y a généralement quatre ou cinq personnes postées sur l'autre rive qui observent la scène. (Elles durent être passablement surprises le soir où Ethel Mer-man chanta au cacatoès blanc de Thompson une sérénade sur l'air de «Hello Dolly».)

Les marchands d'antiquités multiplient alors leurs visites, proposant de magnifiques tables et des portes sculptées qui seraient évidemment parfaites dans la maison. L'Américain passe à ce moment-là encore plus de temps que d'habitude à Nakorn Kasem, à la recherche de nouveaux meubles. Il est débordant de joie : enfin, il peut s'offrir ce qu'il veut sans avoir à s'inquiéter du manque de place.

Il pend la crémaillère à la fin du mois d'avril, une semaine ou deux après avoir pris possession des lieux. Ceux qui y assistent se souviennent avec émotion de ces somptueuses festivités.

On entre habituellement par une cour dans ce qui est l'arrière de la maison, mais Thompson a accepté que quelques invités arrivent par le *klong*, et il a fait construire de ce côté une superbe entrée. Le sol est en marbre italien noir et blanc, issu d'un des palais de Bangkok du XIXe siècle, et les murs de teck sombre forment un arrière-plan idéal aux peintures accrochées le long de la montée de l'escalier. Même ceux qui ont déjà vu le salon pendant la construction sont frappés par sa splendeur, les murs légèrement cirés brillent doucement, un immense lustre de cristal (lui aussi venu d'un ancien palais) est suspendu au plafond, les statues birmanes d'Amarapura sont nichées dans l'encadrement des quatre fenêtres ; des coussins de soie scintillent sur les chaises, les divans ; un lit thaïlandais magnifiquement sculpté est placé au centre de la pièce, et, partout, les trésors dénichés lors des après-midi à Nakorn Kasem. Un mur superbe, dont les portes sont tapissées de soie orange, sépare la chambre principale du reste de la maison (ce panneau avait jadis servi d'entrée à un magasin chinois). Dans la chambre, il a un autre lit thaïlandais, une peau de tigre au sol, et un auvent chinois de l'époque Ming. Sur la terrasse surplombant le *klong*, un orchestre local classique en costume traditionnel interprète de magnifiques morceaux dans la nuit chaude et humide.

Le dîner, servi dans le jardin, est suivi d'une démonstration de danse classique thaïlandaise, exécutée par une compagnie théâtrale dirigée par l'un des vieux amis de Thompson. Les danseurs vêtus de costumes ornés de pierreries et cachés par des masques terrifiants, accomplissent avec grâce les gestes saccadés dictés par la musique. Presque tous les invités ont déjà assisté à plusieurs représentations de ce genre, mais personne n'a vu de spectacle d'une telle qualité. Le décor renforce cette impression de perfection : les eaux qui s'écoulent lentement, éclairées par la lune, la silhouette élancée du toit qui se découpe sur le ciel, sa couleur rouge foncé rehaussée par la lumière des torches. C'est pour un tel cadre que ces danses ont été créées, bien plus que pour la scène dépouillée et les lumières électriques d'un théâtre. On a le sentiment que le temps s'est dissous dans la nuit tropicale, et que Thompson et sa superbe maison ont été ramenés à une époque à laquelle, cette nuit là, ils semblent appartenir.

Lors de cette soirée magique, aucune critique n'est émise au sujet de la maison. Celles qui se feront plus tard seront presque toutes le fruit de la jalousie, et ne valent donc pas la peine qu'on s'y attarde ; mais toutes, même celles formulées par ses amis, proviennent d'une incompréhension profonde de la démarche de Thompson.

On lui reproche d'avoir construit une demeure qui n'est pas "vivable". Ce n'est en effet pas le genre de maison dans laquelle les gens se sentent à leur aise, où on s'installe sur un canapé avec un bon livre pendant les soirées pluvieuses, d'autant plus qu'il n'y a pas d'endroit vraiment adapté à ce genre d'activité. Ces commentaires ne tiennent pas compte du plus important : la personnalité de Thompson, dont les goûts ne sont pas dictés par l'habituel conformisme occidental. Ce n'est pas tant en termes de confort qu'il raisonne, mot-clé pour la plupart des architectes, mais en termes d'esthétique. Il a sur sa maison le regard du peintre sur sa toile, ou, plus précisément, celui du décorateur sur la scène. Celle-ci a été élaborée non comme une maison mais comme un lieu à mi-chemin entre un musée et un théâtre. Peu de gens sont capables de comprendre un tel point de vue, et c'est peut-être la raison pour laquelle on trouve si peu d'habitations de style thaïlandais à Bangkok ayant atteint le même effet théâtral.

Tout comme un théâtre, cette résidence ne prend sa réelle dimension qu'à la nuit tombée. Pendant la journée, l'installation électrique qui court le long du plafond apparaît nettement, et l'on remarque l'inévitable poussière sur le grand lustre et la peinture écaillée des vieux placards. Dans la lumière crue de l'après-midi, on s'aperçoit que le village de Bangkrua, de l'autre côté du *klong*, a l'air d'un lugubre taudis et que l'eau trouble draine d'étranges objets. Mais le soir, la maison retrouve son caractère magique, exactement comme lorsque la lumière s'éteint au théâtre et que le rideau se lève. La faiblesse de l'éclairage n'est peut-être pas pratique pour lire, mais elle met en valeur les audacieuses couleurs du salon et les subtiles dorures des panneaux menant à la chambre. Le jardin se transforme soudain en une mystérieuse jungle tropicale, avec ses plantes grimpantes et ses statues judicieusement illuminées. Le village de tisserands prend une allure exotique, avec ses odeurs d'épices et ses scènes d'une culture ancestrale : ici, une jolie fille en *pasin* assise dans une pièce vide, là un bébé qui se balance en rythme dans un petit hamac, là-bas, toute une famille dînant autour d'une table basse. Même le *klong* dans la lumière lunaire semble un fleuve noir menant à des lieux extraordinaires et merveilleux. C'est dans ces moments qu'il faut voir la maison de Thompson, on comprend alors quel a été son but, et on saisit pleinement la mesure de sa réussite.

Chapitre 16

Dans sa nouvelle habitation, Thompson entame la période à la fois la plus active et la plus prospère de sa vie en Thaïlande. Grâce à lui, la soie a acquis une renommée mondiale. Les producteurs du film *Ben Hur* l'utilisent pour tous les costumes principaux, le chargeant de créer des tissages particuliers. De magnifiques peintures sur soie appaissent dans une scène du film *King Sir*, dont le rôle principal est tenu par Ingrid Bergman. À Londres, les suites de l'hôtel Savoy sont refaites avec de la soie thaïlandaise, et le château de Windsor passe une commande pour remettre à neuf la suite Canaletto. Barbara Hutton en fait l'élément de décoration principal de sa maison du Mexique. La compagnie Reynolds Meytal en Amérique décore les bureaux de la direction avec de la soie entretissée de fils d'aluminium, et une société lance une gamme de cravates en jouant sur les effets de couleurs et de brillance de la «nouvelle» étoffe. Le Hilton de Hong-Kong l'emploie pour sa salle de bal et pour ses suites. Mais la cliente la plus célèbre et la plus influente est sans doute la belle reine Sirikit qui charge Pierre Balmain de créer sa garde-robe pour le voyage qu'elle effectue en Amérique au début des années soixante, accompagnée de son époux, le roi de Thaïlande. Le couturier commande alors plusieurs coupons à Thompson, et continuera par la suite de faire appel à la Thai Silk Company pour ses collections parisiennes. La reine restera une fidèle cliente de Thompson, qui lui fera tisser plusieurs mètres de soies précieuses brochées de fils d'or.

Au milieu des années soixante, une centaine de sociétés concurrentes utilisent sans vergogne les motifs créés par Thompson, mais son entreprise demeure celle qui exporte le plus, ayant des représentants dans trente-cinq pays, de l'Australie à la Suède. Le personnel s'est accru et il y a désormais d'autres *farang* dans le comité de direction, dont un certain Charles Sheffield, un Texan qui sera nommé directeur général après la disparition de Thompson. Andrée Burrow, la directrice commerciale, est française et sa passion pour la soie égale celle de Thompson. Comme l'humble boutique de Suriwong Road n'est manifestement plus en mesure de répondre aux exigences de la société, un déménagement est envisagé.

Le rythme des mondanités suit la courbe ascendante des ventes. Dans sa somptueuse et nouvelle résidence, le flux habituel d'invités se transforme en un véritable torrent. Des équipes envoyées par des magazines européens ou américains envahissent fréquemment la maison pour effectuer des reportages sur ce chef-d'œuvre architectural. Thompson ne perdant jamais son goût pour les réceptions, le premier venu muni d'une lettre de recommandation est au moins invité à prendre un verre. Cela ne satisfaisait cependant pas la curiosité de l'ensemble de la population : les gens souhaitent voir les lieux, et Thompson se réveille plus d'un dimanche avec dans son jardin de parfaits inconnus qui déambulent convaincus que la maison est ouverte au public. Il se montre généralement poli avec ces intrus, mais aboutit à la conclusion qu'il faut faire quelque chose s'il prétend à un minimum d'intimité. Ainsi, il décide que la demeure sera ouverte au public deux jours par semaine, et que les gains seront versés à l'École des aveugles, organisme local de charité fondé par Geneviève Caulfield, une américaine non-voyante pour laquelle il a beaucoup d'admiration. Un groupe de femmes se proposent comme guides, on fixe un droit d'entrée de vingt *baht*[1], et l'entreprise se révèle bientôt si prospère que l'école est en mesure d'acheter des équipements et de faire construire de nouveaux bâtiments. Il y a cependant une ombre à ce tableau idyllique qui mérite d'être mentionnée car c'est l'événement le plus sombre auquel l'Américain soit confronté depuis ce terrible printemps 1949. Ce qui se passe pourrait s'intituler «l'épisode des cinq têtes blanches». Non seulement Thompson en sera profondément blessé, mais en plus cela l'amènera à prendre une décision dont les conséquences se prolongeront bien après sa disparition. Rétrospectivement, il semble évident que plusieurs solutions pourraient atténuer, voire résoudre, le problème, mais à l'époque cela ne paraît pas aussi limpide, et quand on réalise le danger il est trop tard : Asiatiques comme Occidentaux ont déjà trop perdu la face pour faire machine arrière.

Cet épisode a lieu en automne 1962, mais pour le comprendre, il faut remonter à plus de huit ans auparavant, alors que Thompson est parti avec quelques amis en expédition pour découvrir les ruines de l'ancienne ville de Sri Thep, dans la province de Petchaboon. Il s'agit d'une ville en ruine, presque oubliée, et suffisamment hors des sentiers battus pour n'attirer que les passionnés. La ville est très éloignée de la route, et il faut plusieurs heures pour y accéder, à travers des pistes en piteux état. Une fois sur place, ils lient conversation avec des villageois habitant non loin de là, porteurs de renseignements fort intéressants. Ils affirment que la montagne de Khao Sam Rat, proche mais gardée par une jungle épaisse et dense, renferme de sublimes grottes remplies d'objets anciens et de sculptures magnifiques. L'aventure est bien sûr du goût de Thompson. Les villageois disent-ils la vérité, ou font-ils simplement référence à

[1] Environ deux Francs

une légende populaire ? Y a-t-il vraiment des trésors dans cette montagne ? Le seul moyen d'en avoir le cœur net est de s'y rendre, et il brûle de le faire sur le champ. La nature s'y oppose toutefois: on est en pleine saison des pluies, et la piste rudimentaire qui serpente à travers la jungle est impraticable, même pour leur jeep. À regret, les «explorateurs» abandonnent les recherches et décident de revenir quand les pluies auront cessé.

Thompson n'y retournera pas avant le début de l'année 1962. Il n'a pourtant pas oublié les grottes, et depuis cette expédition à Sri Thep, deux événements ont accru son intérêt pour ce genre de découvertes. D'une part, il a lu un livre intitulé *La route d'Angkor* écrit par Quaritch Wales, l'une des autorités en matière d'art asiatique. Cette étude comprend quelques chapitres sur cette région, et dans l'un d'eux la relation d'une légende qui polarise son attention. Wales raconte que, jadis, deux puissants ermites avaient vécu dans une montagne, près de Sri Thep, et avaient été chargés de l'éducation du fils du roi. L'un des deux s'était mis en colère contre le roi et s'était vengé en détruisant la ville. Pour des raisons sans doute plus liées à son imagination qu'aux faits historiques, Thomspon est convaincu que la montagne des ermites est celle indiquée par les villageois, et que les «merveilleuses» grottes ont été leur sanctuaire.

L'autre événement est beaucoup plus lourd de sens. En 1960, trois têtes de calcaire blanc, d'une beauté exceptionnelle, sont mises en vente par un marchand d'antiquités en relation d'affaires avec des gens du Nord. On les fait remonter à la période Srivijaya, ce qui signifie qu'elles ont plus d'un millier d'années. L'une est un Bouddha, l'autre un Bodhisattva (futur Bouddha), et la troisième une divinité inconnue. Thompson, très impressionné par la finesse du travail, s'en porte acquéreur pour une somme bien plus élevée que celle qu'il a l'habitude de dépenser pour les objets d'art, car sa collection comprend quelques pièces Srivijaya, mais certainement aucune d'une telle splendeur. L'année suivante, le même marchand lui propose deux autres têtes. L'une d'elles provient d'une statue de Bouddha et l'autre d'un Bodhisattva ; les deux étant en calcaire, et il semble évident qu'elles ont la même origine que les trois autres. Les cinq têtes sont sculptées, mais une surface rugueuse à l'arrière laissait supposer qu'elles étaient initialement rattachées à un support.

La curiosité de Thompson est à présent sérieusement éveillée. Le marchand d'Ayuthya se montre très évasif sur la provenance des têtes et la façon dont il les a acquises, mais après avoir été interrogé avec insistance, il explique qu'elles viennent d'une grotte nichée dans la montagne, près de Sri Thep. Apparemment, les villageois ont dit la vérité : il y a bien des grottes dans la montagne, et elles recèlent peut-être d'autres trésors fabuleux.

Si Thompson avait à ce moment-là signalé sa découverte au ministère de la Culture, il aurait évité bien des déconvenues. Plusieurs raisons expliquent qu'il ne l'ait pas fait. D'une part, les têtes ont vraisemblablement été volées et les villageois — qui, s'ils ne sont pas responsables du délit, savent au moins qu'il a été commis — risquent de prendre peur devant un représentant du ministère de la Culture et de nier tout simplement l'existence des grottes. D'autre part, il considère le revendeur d'Ayuthya comme son ami, et ne veut pas l'exposer à des représailles de la police. Enfin, il est très probable qu'il veuille garder le privilège de la découverte après tant de spéculations. Il faut dire que le ministère de Bangkok, quoique compétent et sans aucun doute soucieux de bien faire, agit avec un budget ridiculement restreint étant donné le nombre de sites archéologiques dans le pays. Même si les autorités sont informées de l'existence des grottes, elles n'ont sans doute pas les fonds nécessaires pour les fouilles, et encore moins pour la conservation d'éventuelles œuvres d'art.

Il y a une autre raison, peut-être la plus importante : Thompson n'a jamais entretenu, même si cela peut paraître étonnant, d'étroites relations avec les membres du ministère de la Culture. La plupart des experts qu'il convie à venir admirer sa collection et à l'aider à identifier certaines pièces sont soit des spécialistes de passage, soit des amis de la région sans qualification officielle. Certains d'entre eux font partie d'une association de recherche locale nommée «La Société du Siam» dont il est lui-même membre. Au cours du printemps 1961, il décide d'établir un nouveau testament léguant à cet organisme sa maison, sa collection et ses intérêts dans la Thai Silk Company. Il souhaite vivement qu'après sa mort, sa collection soit préservée intacte, et pense que cette association à but non lucratif est la plus apte à s'en occuper, puisqu'elle est vouée à l'étude de la culture et de l'histoire du pays.

Quelles que soient ses raisons, Thompson ne prévient pas le ministère et publie les reproductions photographiques des sculptures dans une brochure sur sa maison publiée lors de son ouverture au public. L'existence de ces têtes n'est donc pas un secret. En février 1962, pendant la saison sèche, il se met en route avec deux amis vers Khao Sam Rat, armé d'une vieille carte militaire de la région et d'une solide détermination. Ils finissent par atteindre le pied de la montagne — qui ressemble plus à une grosse colline — où ils rencontrent un camp de bûcherons et un groupe d'enfants, dont l'un affirme qu'il peut les mener à la grotte. Au bout d'une heure et demie passée à grimper à travers des sentiers perdus, le fanfaron doit avouer qu'il s'est égaré. Ils pourraient arrêter là leur recherche si, à ce moment-là, deux chasseurs n'apparaissaient en leur assurant qu'ils connaissent le chemin.

Ils n'ont pas menti. Une grotte existe bel et bien, une très grande grotte, avec un énorme stalagmite au centre, et des statues de Bouddha et de Bodhisattva, décapitées, sculptées dans le mur. Au premier abord, on peut être sûr qu'il s'agit bien du lieu d'où proviennent les cinq têtes, mais une étude plus attentive tempère cette certitude. Les trois premières têtes présentent un relief très prononcé, alors que les corps des statues de la grotte sont beaucoup plus plats. Après une observation minutieuse, il résulte que les deux dernières têtes viennent peut-être de cet endroit, mais que ce n'est sûrement pas le cas des trois premières.

Y a-t-il dans ce cas une autre grotte à découvrir ? Ils posent la question au garçon, qui, pour leur plus grande joie, répond qu'il y en a effectivement une autre. Il refuse cependant d'y aller, persuadé que les trésors qu'elle recèle sont protégés par un gigantesque serpent. Les chasseurs, qui ont jusqu'ici gardé le silence, se proposent de les y mener. Ils changent manifestement d'avis en cours de route puisqu'ils rebroussent chemin vers le campement. Les chasseurs semblent génés. Ils bafouillent de vagues excuses, prétextant avoir mal compris, puis ils s'éloignent.

Il n'y a plus rien d'autre à faire qu'à retourner à Bangkok pour organiser une autre expédition.

Ils décident de repartir trois semaines plus tard, mais Thompson tombe malade la veille du départ et ses deux amis s'en vont sans lui, accompagnés d'un Hollandais, nommé Jan Boeles, également membre de "La Société du Siam". Ils prennent des photographies et des mesures de la première grotte mais, une fois de plus, ne réussissent pas à trouver un guide pour les accompagner jusqu'à la seconde. À ce jour, cette seconde grotte n'a toujours pas été découverte, ou en tous les cas, on n'en a aucune trace officielle.

Telle est la situation à la fin du mois de septembre 1962, au moment où le ministère de la Culture est officiellement informé de l'existence de la grotte par Boeles, à la demande de Thompson, qui espère que des mesures vont être prises pour protéger les statues restantes et les éventuels trésors de la seconde grotte. Le ministère décide cependant d'adopter une toute autre attitude. Deux hommes se présentent au bureau de Thompson et l'informent — ou peut-être le laissent-ils seulement supposer — que le ministère s'inquiète des cinq têtes de sa collection. Des rumeurs laissent entendre en effet qu'elles ont été volées et on lui fait comprendre qu'il est préférable de remettre ces sculptures aux autorités. L'Américain subodore alors qu'il encourt une action judiciaire s'il ne suit pas ces conseils.

Il est à la fois choqué et alarmé par cette visite. L'idée qu'on puisse le suspecter d'avoir été mêlé à un vol de ce genre le blesse profondément, et il s'alarme de l'ignoble publicité que cette affaire risque d'entraîner. Il adresse donc immédiatement une longue lettre au responsable dans laquelle il explique comment il a acquis les têtes (sans toutefois donner le nom du marchand qui les lui a vendues) ; il y décrit son enthousiasme pour cette histoire de grottes, et sa joie lors de la découverte du premier site. Sa missive se conclue ainsi :

«J'ai choisi de faire de la Thaïlande mon pays, j'y vis, je suis profondément intéressé par sa culture, et j'ai donc essayé de former la plus belle collection d'œuvres d'art possible, dans l'intention de le lui léguer. Je sais que le musée n'a pas les fonds nécessaires pour acquérir de belles pièces, et plutôt que de les laisser à l'abandon, j'ai préféré tenter d'en acheter certaines pour les garder ici. Beaucoup m'ont coûté très cher, mais je sais qu'elles auraient été perdues à jamais si je ne les avais pas achetées [...] J'espère que vous ne douterez pas de mon sincère intérêt pour l'archéologie et pour la protection du patrimoine de ce pays ; les motivations qui m'ont conduit à rassembler cette collection ne sont en aucun cas d'ordre financier. Au même titre que les célèbres collections thaïes, cette demeure et son contenu seront légués, par l'intermédiaire de "La Société du Siam", au peuple siamois.»

Au cours des jours suivants, plusieurs démarches obscures sont entreprises dont on ne connaîtra jamais les dessous. Cependant, certains détails sont assez significatifs : sa lettre reste sans réponse ; la police vient chez lui pour identifier les sculptures et une demande officielle de restitution est formulée. Il s'exécute et les remet au Musée national (où elles sont encore exposées), sans un quelconque dédommagement.

L'affaire ne s'arrête pas là. Peu à peu, l'humiliation de Thompson se transforme en colère, sentiment qu'il ne peut cacher et qui est au centre de ses conversations pendant toute cette période. Un journaliste du *Daily News* de Chicago rédige un article sur l'affaire, et quelques jours plus tard Thompson et ses têtes se retrouvent à la une de la plupart des journaux américains qui tous titrent «UN CITOYEN AMÉRICAIN ACCUSÉ DE TRAFFIC EN THAÏLANDE». Chaque article fait référence à l'amertume de Thompson en citant la formule avec laquelle il exprime son ressentiment : «D'abord ils me décorent, ensuite ils me pillent». Quelques mois auparavant, il a en effet reçu l'ordre de l'Éléphant blanc, décoration qui récompense les étrangers ayant rendu d'exceptionnels services au pays. L'article du *Daily News* reflète le sentiment d'injustice qu'éprouve Thompson : sa collection est en effet l'une des rares devant revenir intégralement au pays, et ce de sa propre volonté.

Pour tenter d'arranger les choses, ses amis organisent un déjeuner avec le responsable du ministère. Le résultat de cette démarche est négatif puisque chacun reste sur ses positions. Son seul espoir pour récupérer ses têtes est de transformer officiellement sa maison en musée. Il prend les mesures nécessaires assez rapidement, mais on ne les lui rend cependant pas, ce qui augmente encore son ressentiment. Certaines personnes à Bangkok pensent, sans oser le dire trop fort, que l'origine de cet incident est politique, ou tout du moins économique, impression que le dernier paragraphe de l'article du *Daily News* rend assez finement :

«Thompson a transformé à lui seul la soie thaïe en une industrie prospère. Lorsqu'il a commencé, ce domaine n'intéressait personne. Aujourd'hui, il a quatre-vingt-six concurrents, dont la femme du Premier ministre.»

Il s'agit de la femme du Premier ministre précédent, Sarit Thanarat. Elle est entrée dans l'industrie de la soie par la grande porte, en créant dès le début une usine de tissage et en ouvrant une grande boutique ; on dit qu'elle considère sans trop de bienveillance la supériorité de l'Américain dans ce domaine. On n'a aucune preuve officielle de son implication dans l'affaire des sculptures, mais son impopularité était telle dans certains milieux que les mauvaises langues sont souvent prises au sérieux.

Dans les semaines qui suivent la saisie, la colère de Thompson s'amplifie au lieu de s'estomper ; il prend alors des décisions draconiennes dont les conséquences lui seront vraisemblablement très pénibles. D'abord, il annule le testament dans lequel il léguait sa maison et sa collection à «La Société du Siam», et se retire du conseil. Il agit ainsi en réaction à l'indifférence du ministère de la Culture face à sa donation, et parce qu'il en veut à l'association de ne pas avoir pris plus fermement parti pendant le différend. Il n'est pourtant pas certain que les membres du conseil puissent entreprendre quelque chose, malgré le pouvoir politique de certains. Les lois thaïlandaises qui régissent ce genre d'affaire sont extrêmement complexes, mais il n'est pas d'humeur à débattre et il révoque donc sa décision testamentaire.

D'autre part, il décide brusquement de se défaire de toute sa collection d'art bouddhique thaïlandais et de ne conserver que les peintures et les œuvres des autres pays d'Asie du Sud-Est, principalement celles de Birmanie et du Cambodge. Cette décision est certainement prise sur un coup de tête, ce que souligne son attitude au moment de la vente. Son amour pour les œuvres d'art, rassemblées depuis des années, s'avère plus fort que sa colère : il finit par garder les plus grandes et les plus rares d'entre elles. Il se sépare essentiellement des petits bronzes et des têtes en pierre, objets de grande valeur en général. Il les revend à leur prix d'origine aux marchands auxquels il les a achetés, ce qui fait leurs délices puisque la valeur de ces objets a entre temps considérablement augmentée.

On ne peut imaginer à quel point Thompson est désespéré. Sa détresse est visible même aux yeux de vagues connaissances et ses amis s'alarment des proportions de cette histoire. Il parle de quitter la Thaïlande et d'aller s'installer dans l'un des pays qui lui demandaient de l'aide pour le développement de l'industrie de la soie. Il a été profondément sincère dans sa lettre au responsable du ministère, et a le sentiment d'avoir été trahi. L'accusation dont il est l'objet paraît nier tout ce qu'il a fait pour la Thaïlande, non seulement d'un point de vue artistique mais aussi d'un point de vue industriel. Sa maison, qu'il a conçue comme une sorte d'hommage personnel à son pays d'adoption, ne sera pas léguée au peuple siamois comme il l'a initialement prévu, et pour le collectionneur passionné qu'il est, les espaces désormais vides des étagères et des vitrines doivent être d'insupportables et constants rappels de l'outrage subi.

Certains de ses amis sont non seulement inquiets, mais même un peu surpris de la profondeur de son amertume. Il est bien sûr en droit de se sentir floué, mais, malgré tout, l'affaire s'appuie sur des bases légales. Les têtes ont manifestement été volées — par qui, c'est une autre histoire — et le ministère, en tant que gardien officiel des biens nationaux, possède un droit incontestable sur elles. Le fait qu'on n'ait jamais effectué de perquisitions similaires chez les autres collectionneurs, et qu'on n'ait pas réussi à endiguer le trafic d'antiquités ne change rien au problème. De plus, Thompson est réputé pour sa souplesse : il rappelait naguère avec philosophie à ses amis moins compréhensifs que les peuples réagissent différemment, observation somme toute banale mais qu'on a parfois du mal à comprendre. Ainsi, il a accepté le fait que, pour des raisons complexes de prestige, il lui soit impossible de poursuivre en justice deux de ses employés les plus proches pour détournement de fonds ; de même, il a vu ses motifs copiés par presque tous ses rivaux de Bangkok sans s'en offusquer, ni même sans se lancer dans des procédures judiciaires amenées à faire jurisprudence. Certains de ses tisserands se sont servi de leurs gains pour créer des sociétés concurrentes — utilisant évidemment les méthodes de tissage et de teinture de la Thai Silk Company —, et il ne s'était jamais senti trahi par ces défections. Pourquoi alors réagir ainsi dans le cas présent ? La situation est-elle si différente ?

Selon bon nombre de ses intimes, les circonstances sont effectivement différentes. Il peut porter sur son industrie un regard d'une surprenante neutralité, en majeure partie parce qu'il n'en fait pas un problème personnel, et son intention a toujours plus ou moins été de laisser sa société aux mains des tisserands. En revanche, il ne lui est pas possible d'être neutre vis-à-vis de sa maison et de sa collection, pas plus qu'il n'a pu l'être face au sort de ses amis durant la période cauchemardesque qui a suivi le coup d'État de 1949. Le vol des cinq têtes le touche intimement. Il est de plus conscient qu'on lui tient rigueur à Bangkok de se permettre, en tant qu'étranger, d'exposer dans sa maison des représentations du Bouddha. On prétend aussi qu'il se livre au trafic d'antiquités, et qu'il ne faut pas chercher ailleurs la source de sa richesse. C'est en partie pour mettre un terme à ces médisances qu'il a décidé de léguer sa maison à «La Société du Siam». L'épisode des cinq têtes laisse supposer que cette hostilité n'est pas limitée à ses seuls ennemis reconnus, mais qu'elle est partagée par des gens dont il pensait avoir le soutien. Ces sentiments, auxquels viennent s'ajouter des problèmes de santé, le plongent dans une dépression de plusieurs mois.

Chapitre 17

Sa dépression aurait sans doute duré plus longtemps encore s'il n'avait pu se raccrocher aux deux éléments qui l'on aidé une première fois à s'en sortir, lors des événements de 1949. Il y a tout d'abord son amour profond pour la Thaïlande et pour sa population. Cette dernière le lui rend bien : ils sont des centaines à trouver en lui un soutien et un interlocuteur attentif. Pourtant, les apparences sont contre lui : en effet, il vit dans une maison dont l'architecture est thaïlandaise, adore la cuisine locale et est passionné par tout ce qui touche le pays, et malgré tout il n'est jamais devenu «un des leurs» selon l'expression des coloniaux, il n'a même jamais appris la langue du pays, mises à part quelques formules de politesse. Il s'y est essayé plusieurs fois mais a fini par abandonner tout espoir, affirmant qu'il vaut mieux être aidé par un interprète. Cela dit, les Thaïlandais éprouvent plus généralement de la méfiance que de l'admiration sans borne à l'égard des *farang* qui adoptent entièrement leur culture. Thompson ne perd jamais son identité culturelle, ce qui ne l'empêche pas de s'investir énormément dans le pays, bien plus que les «experts linguistes» et que les «attachés culturels» qui ont en principe suivi une formation dans ce sens. Peu à peu, et malgré de cruelles désillusions, le lien tissé entre la Thaïlande et lui est si solide que même une affaire telle que celle du ministère de la Culture ne peut le rompre. Cette histoire a cependant certaines conséquences définitives : Thompson refuse à partir de ce moment-là tout contact avec quelque administration que ce soit, il ne modifie pas son nouveau testament dans lequel il légue sa maison à son neveu, et abandonne l'idée de continuer sa collection d'art thaïlandais.

Mais tout cela n'altère pas son attachement pour la Thaïlande et il dirige son regard de collectionneur vers d'autres domaines.

Il s'intéresse, par exemple, aux porcelaines dont il s'est

longtemps méfié. C'est, en effet, un domaine réservé aux experts et dont les critères d'estimation remontent à plusieurs siècles, au contraire de ceux de l'art local. Il décide de se concentrer sur les porcelaines chinoises destinées à l'exportation, qui n'ont jusque là suscité que peu d'intérêt. La plupart d'entre elles ont été introduites en Thaïlande aux XVIe et XVIIe siècles. Son attention se porte plus particulièrement sur une magnifique porcelaine pentachromatique dont les motifs s'inspirent de ceux de la Thaïlande traditionnelle ; appelée Bencharong (signifiant "cinq couleurs"), elle a été importée de Chine plusieurs centaines d'années auparavant.

Peu à peu, ses connaissances sur le sujet s'élargissent et il achète plusieurs pièces de collection. L'un de ses amis américains, Dean Frasche, commence à effectuer de fréquents voyages d'affaires en Thaïlande à cette époque-là. Il est vice-président de la "Union Carbide Company" et collectionne lui aussi les porcelaines. Il l'encourage donc dans ses démarches et lui prodigue de précieux conseils. Lorsque Thompson se rend en Malaisie en 1967, sa collection est superbe et toute la place laissée par les objets d'art est comblée par ses nouvelles acquisitions.

Son enthousiasme pour sa maison l'incite à continuer d'élaborer des projets d'aménagement qui s'étaleront sur près de cinq ans. Il fait ajouter une aile réservée à ses invités à l'une des extrémités de la résidence. (Cette partie ne sera jamais rendue publique de son vivant.) Il fait de même installer sur le *klong* une vieille bâtisse qu'il transforme en une charmante petite galerie de peinture. La collection de tableaux qu'il y expose, plutôt hétérogène, a reposé intacte pendant près de cent ans dans le Connecticut. Ces toiles avaient été commandées dans la seconde moitié du XIXe siècle par un missionnaire américain envoyé en Thaïlande, le professeur J. H. Chandler, qui avait sans doute profondément aimé le pays. Parmi les souvenirs qu'il avait rapportés aux États-Unis se trouvait donc cette série de scènes de la vie locale dues à un artiste anonyme. Les toiles demeurèrent au sein de sa famille après sa mort et lorsque Thompson en entend parler, il estime qu'elles doivent retrouver leur pays d'origine et les rachète donc aux héritiers du missionnaire.

Son entreprise continue de prospérer, aussi bien sur le marché local qu'international, et cela malgré la concurrence. L'année de sa disparition, le chiffre d'affaires s'élèvera à près d'un million et demi de dollars. Charles Sheffield a réussi à le décharger d'une grande partie des responsabilités financières, lui laissant ainsi la possibilité de se concentrer sur la création de nouveaux motifs. Son talent de coloriste trouve un nouvel élan lorqu'il décide de créer une nouvelle technique d'impression. Il s'inspire alors de tableaux, de porcelaines et de textiles anciens pour créer ses motifs. L'opération est un succès et ses nouveaux coupons envahissent les boutiques d'Europe et d'Amérique. Les sociétés concurrentes s'emparent immédiatement du nouveau procédé, comme à leur habitude. C'est un véritable renouveau pour la Thai Silk Company, et pour Thompson plus particulièrement : l'apparition de problèmes inattendus et de succès gratifiants l'empêchent d'être confronté à la routine qu'il déteste tant.

Il ajoute à sa ménagerie, déjà bien fournie (il possède deux chiens, deux chats siamois, une flopée de coqs nains, et deux oies irritables, faisant office de chiens de garde), un cacatoès à la crête jaune soufre qui fait rapidement l'unanimité. C'est un oiseau sociable qui se joint aux dîners et divertit les invités en dansant assez curieusement sur de la musique symphonique. Il se procure par la suite un loriquet bleu et rouge dont les couleurs lui rappellent un costume du ballet *Petrouchka*. L'oiseau est très agressif et mord si souvent que l'on est finalement obligé de le mettre en cage dans le jardin.

Edwin Blake, l'ami de Thompson qui lui avait présenté sa femme et qui l'avait entraîné dans l'OSS pendant la guerre, s'installe en Thaïlande au milieu des années soixante en tant que général de brigade et commandant des forces américaines. Cette division s'élargit au fur et à mesure que la guerre du Vietnam s'étend. Les quartiers généraux de Blake sont situés dans une ville du nord-est, Korat, où la majorité des troupes américaines sont rassemblées. Thompson entreprend plusieurs voyages dans cette région pour aider son ami à se familiariser avec ce nouvel environnement. Cela lui rappelle ses premiers moments en Thaïlande, lorsqu'il sillonnait cette même région en compagnie de ses amis laotiens. Cette fois, c'est lui le guide.

Il retourne chaque année aux États-Unis, souvent vers la fin de l'été. Sur le chemin du retour, il s'arrête généralement en Europe pour rendre visite à sa famille — il voit son frère, ses trois sœurs et tous ses neveux et nièces —, il profite toujours de l'occasion pour lancer de nouveaux marchés.

Chapitre 18

Thompson s'est enfin résolu de quitter les locaux étriqués de Suriwong Road, après quinze ans de bail, et fait bâtir un magasin un peu plus haut dans cette même rue, quartier alors à la mode. Il établit les plans de la nouvelle boutique d'après ceux d'un monument élégant, mais plutôt austère, d'Ayuthya datant du XVIIe siècle, améliorant ainsi l'aspect de cette partie de la ville. Les démarches pour obtenir un permis de construire sont longues, d'autant plus qu'il s'agit d'un immeuble ancien. L'autorisation est finalement accordée à condition que la société érige une tour de bureaux à l'arrière du terrain. L'inauguration du magasin a lieu le 17 mars.

L'événement couronne en quelque sorte la carrière de Thompson en Thaïlande. L'élégante construction blanche et son toit s'élevant vers le ciel symbolise ce qu'il a réalisé depuis son arrivée en 1945. Les rouleaux de soie chatoyante, soigneusement alignés sur les rayonnages de la boutique, représentent la quasi-totalité de ce qu'était la production annuelle de toute la Thaïlande, il y a vingt-deux ans. Thompson exporte à cette époque près de vingt-cinq mille mètres de soie. En 1967, il y a près de vingt mille tisserands dans le pays et des milliers de Thaïlandais sont plus ou moins concernés par l'industrie de la soie.

Désormais vendue dans la plupart des capitales, l'étoffe rapporte au pays non seulement d'importants revenus, mais aussi une reconnaissance internationale. Les Occidentaux associent la Thaïlande à la soie plutôt qu'à n'importe quel autre produit.

Peu après l'ouverture du nouveau magasin, Thompson reçoit une équipe de télévision américaine. Ce sera la dernière des centaines d'interviews données dans le monde entier. Faisant preuve de beaucoup de professionnalisme, il prévoit les questions et sait d'avance ce qu'il va répondre. À chaque fois, il explique comment il est arrivé en Thaïlande, comment il a décidé de se lancer dans le commerce de la soie, et fait un bilan des changements qu'il a pu observer pendant ces vingt-deux dernières années.

Il consacre beaucoup de temps, durant ces premiers mois de 1967, à son projet du moment ; il pense en effet remanier le livre qu'il vend chez lui au profit de l'École des aveugles. Il prend en charge les frais d'impression des planches en couleur : les photographies ont été prises par Brian Brake, un Néo-Zélandais talentueux qui lui a été présenté par l'imprimerie japonaise s'occupant de son livre. Brake s'est rendu plusieurs fois à Bangkok pour photographier la maison. Les photographies enchantent Thompson et la sortie de l'ouvrage est prévue pour l'été.

Connie Mangskau lui rend visite en février pour lui annoncer que les Ling comptent sur leur présence pendant les vacances de Pâques. Il accueille la nouvelle avec joie. Le déménagement l'a en effet épuisé et il ressent le besoin de se reposer. De plus, il a un rendez-vous à Singapour avec Edward Pollitz qui souhaite y créer une industrie de textile : les Cameron Highlands seront donc une étape délicieuse sur la route de Singapour.

Il fête ses soixante-et-un ans le 21 mars et organise un dîner où seuls ses amis intimes sont conviés, alors que ses soixante ans avaient été somptueusement célébrés. En Asie, en effet, la vie est divisée en cycles de douze années et l'achèvement du cinquième cycle est souvent l'objet de grandes fêtes puisque c'était jadis un âge qu'on n'atteignait qu'exceptionnellement. C'est pourquoi Thompson avait préparé une grande réception et avait invité tous ses employés ; ceux-ci lui avaient offert un grand éléphant de teck avec de véritables défenses d'ivoire, symbole de longévité. Il quitte la Thaïlande deux jours plus tard en compagnie, comme prévu, de Connie Mangskau pour son week-end en Malaisie. Rien de suspect ne précède son départ. Thompson se rend le matin à son bureau. Il ne dit au revoir qu'à ceux qu'il croise sur son chemin et leur annonce son retour pour la semaine suivante. Quelques jours plus tard, tous tenteront de trouver dans ces adieux anodins un indice qui éclairerait le mystère de sa disparition.

Jim Thompson dans le bureau de sa maison thaïe, à Bangkok, au début de l'année 1967

Ci-dessus : La famille Thompson au complet dans leur maison du Delaware en 1927. Cette année là, Jim (debout au centre) était étudiant à l'Université de Princetown.

Ci-contre : En 1943, Jim Thompson est agé de 37 ans. Il est major dans la "Coast Artillery" avant d'être transféré dans l'OSS.

Ci-dessus : avec Connie Mangskau
Ci-dessous : La maison sur le klong, à Bangkok, au début de sa construction.

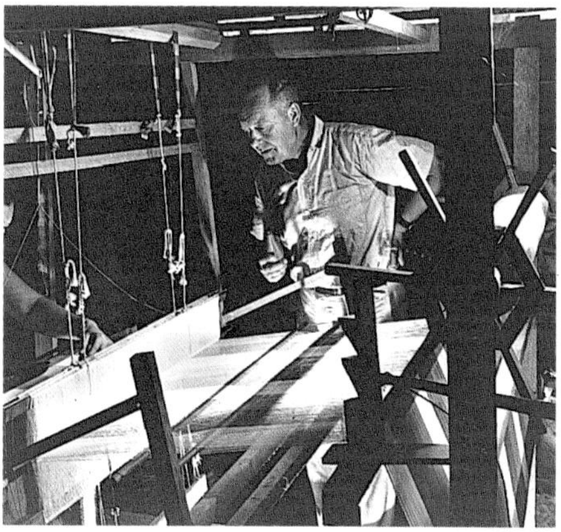

Jim Thompson rendait visite aux tisserands presque chaque jour, pour surveiller la qualité de leur production. Il faisait également travailler les tisserands indépendants d'un village situé de l'autre côté du canal sur lequel était bâtie sa maison.

Ci-contre : Jim Thompson dans l'atelier de sa maison sur le klong. Ci-dessous à gauche : le bureau. À droite : l'escalier décoré de peintures thaïlandaises traditionnelles

Jim Thompson avec son cacatoès favori sur l'épaule. La photographie a été prise à l'arrière de la maison puisque la façade donnait sur le canal.

Ci-dessus : le hall d'entrée de la maison de Jim Thompson ; au fond, dans la niche, une statue de Bouddha de style khmer. A l'origine, la maison a été assemblée avec les éléments de six différentes constructions de provenances diverses.

La Reine Sirikit, reine de Thaïlande, avec Jim Thompson, dans sa boutique, au début de l'année 1960.

LA CRÉATION D'UNE LÉGENDE

Chapitre premier

En ce dimanche de Pâques, après un pique-nique dans les Cameron Highlands, la sieste de Connie Mangskau est fréquemment interrompue. Peu avant seize heures elle entreprend de rassembler ses affaires puisqu'ils doivent quitter *Moonlight Cottage* tôt le lendemain matin. Les Ling pourraient prolonger leur séjour aux Highlands, mais ils ont décidé d'accompagner Thompson jusqu'à Singapour et de lui faire découvrir la campagne malaise en chemin.

Connie Mangskau n'entend rien de suspect pendant qu'elle boucle ses valises, et pense que ses amis n'ont pas quitté leurs chambres. Elle descend au salon vers seize heures trente, où elle trouve le professeur Ling en train de lire. Ils échangent quelques propos, puis ce dernier remarque que sa femme et lui ont entendu Thompson sortir vers quinze heures. La veste de Thompson est posée sur le dossier d'une chaise dans la véranda et il a laissé ses cigarettes et son briquet. De même, ses médicaments sont restés dans sa chambre. Il n'a donc pas eu l'intention de s'absenter très longtemps.

À cette période de l'année, la nuit tombe vers dix-huit heures trente aux Highlands ; ils supposent donc que Thompson les rejoindra pour prendre le thé, servi en général vers dix-sept heures. Après avoir bavardé avec le professeur, Connie Mangskau regagne sa chambre et y demeure jusqu'à l'heure du thé. Entre temps, Helen Ling a taillé ses roses. Ils prennent tous les trois une tasse de thé, puis s'installent au jardin. Toujours aucun signe de Thompson et la route reste obstinément déserte.

Vers dix-huit heures, alors que les ombres s'allongent et que l'air fraîchit, les premières inquiétudes commencent à poindre. Ils savent que Thompson aime marcher mais s'interrogent cependant sur ce qui a pu le retenir si tard. Le professeur Ling suppose qu'il est descendu au golf et se propose de prendre la voiture pour aller le chercher. Les femmes décident de ne pas bouger pour l'accueillir au cas où il arriverait entre temps. Un quart d'heure plus tard, le professeur Ling est de retour, inquiet : Thompson ne s'est pas rendu au club et personne ne l'a aperçu sur la route. Connie Mangskau appelle alors le *Smokehouse Inn* où certains de leurs amis de Bangkok sont descendus. Elle réussit à joindre le docteur Einar Ammundsen qui s'occupe de la santé de Thompson, venu aux Cameron Highlands pour un week-end de golf. Lui non plus ne l'a pas vu.

Il est à présent presque dix-neuf heures trente, et Thompson est absent de la villa depuis plus de quatre heures. Le professeur Ling évoque alors l'incident de la veille, lorsque tous deux se sont perdus en descendant la colline. Pendant la journée, la jungle se montre déjà perfide avec ses rochers glissants et ses chemins imprévisibles. Mais la nuit, elle s'emplit soudain de mille menaces dissimulées. De plus, il y fait froid, la température pouvant atteindre zéro degré, et Thompson ne porte qu'une chemisette. Angoissé, le Professeur joint par téléphone le couple de Hollandais servant d'agent immobilier à Moonlight Cottage (tous deux connaissent bien les environs), puis la police de Tanah Rata qui lui demande de venir faire établir un rapport. Les policiers préviennent les villages avoisinants et leur demande de se tenir sur le qui-vive, à l'affût du moindre indice. Si Thompson n'est pas réapparu le lendemain matin, des unités de recherche seront lancées.

Lorsque Ling remonte à *Moonlight Cottage,* le Hollandais est déjà là, accompagné d'un commandant anglais qui lui rendait visite au moment de l'appel du professeur. Le commandant a amené son chien, un cocker plus ou moins entraîné pour la chasse. Les deux hommes tentent d'en savoir le plus possible, puis se mettent en route vers la colline où Thompson a trébuché sur le nid de frelons lors de sa première visite. Cela représente environ trois quarts d'heure de marche pendant la journée, mais bien plus à la nuit tombée. Thompson était retourné à cet endroit lors de sa seconde visite et a fait part de son désir de s'y rendre à nouveau cette fois-ci. C'est selon ses amis, la seule direction qu'il aurait éventuellement pu prendre.

À ce moment-là, on émet trois suppositions : Thompson s'est égaré, il a été victime d'une attaque ou il est tombé dans l'une des nombreuses crevasses invisibles. Aucune autre hypothèse n'est alors formulée, de crainte, sans aucun doute, qu'elle ne soit prémonitoire.

Vers minuit, le Hollandais et le commandant annoncent qu'ils ont fait chou-blanc. Ils n'ont pas relevé le moindre nouvel indice. Ils ont grimpé jusqu'à la colline aux frelons, balayant les alentours de leurs torches électriques et appelant en vain l'Américain. Ils ont alerté en chemin toutes les personnes croisées. Il ne reste plus qu'à espérer l'arrivée des secours le lendemain matin. Découragés, tous se résignent à attendre le lever du soleil, chacun avec la vision de Thompson se débattant dans l'obscurité, cloué par la douleur dans un ravin ou à la merci d'un monstrueux animal sauvage.

Chapitre 2

Les recherches officielles démarrent le lendemain à l'aube ; cela fait alors quinze heures que Thompson a disparu. Quatre ou cinq policiers de Tanah Rata étudient la photo de son passeport, en possession de Connie Mangskau depuis qu'il avait failli le perdre dans le taxi au retour de Penang. (Il l'avait glissé dans sa poche, et Connie Mangskau l'avait retrouvé sur la banquette ; Thompson le lui avait alors confié de peur que l'incident ne se reproduise). Avant la fin de la journée, plus de cent personnes se sont lancées à la recherche de l'Américain, dont la police locale, un groupe de soldats anglais en convalescence aux Highlands, et plusieurs clients des hôtels de la région.

C'est une entreprise extrêmement difficile, personne n'ayant la moindre idée de la direction qu'il a pu prendre. De plus, le terrain est escarpé et la jungle par endroit si dense qu'on ne voit pas à quelques mètres devant soi. Les hautes herbes cachent les pistes et les chemins donnent parfois sur des pentes glissantes couvertes de mousse, tombant à pic sur un cours d'eau au beau milieu de pierres tranchantes. Les appels envahissent la forêt ; les chercheurs, trompés par les échos, se précipitent dans leurs directions et tombent alors nez à nez sur un autre groupe.

On recherche des traces du passage de Thompson : de l'herbe foulée, des branches cassées, des lambeaux de vêtements, un mouchoir, n'importe quoi. Tous sont conscients que ce premier jour de battue est crucial non seulement pour la sécurité de Thompson, mais également parce qu'il suffit de deux jours pour que ces zones soient recouvertes par les traces des chercheurs. Les plus pessimistes observent également le ciel, les cercles des vautours indiquant en effet la présence de cadavres dans la jungle, mais personne ne décèle le moindre indice susceptible de confirmer une quelconque hypothèse.

À *Moonlight Cottage*, transformé en quartier général, on décide qu'il est temps de prévenir Bangkok. Le docteur Ammundsen expédie un câble à sa femme qui transmet le message à Charles Sheffield, l'assistant de Thompson. Celui-ci prend sur lui d'attendre encore une journée avant de communiquer la nouvelle au personnel, mais avertit en revanche le général Edwin Black. Ce dernier est l'un des meilleurs amis de Thompson ; de plus il est probable qu'on aura besoin d'une aide officielle urgente. Black et le colonel William Bond — dont la femme a connu Thompson du temps de l'OSS — réussissent à obtenir des hélicoptères de l'armée.

Le personnel de la Thai Silk Company apprend l'information juste après la fermeture, dans un silence bouleversé. Les habitants de Bangkok vont réagir de la même façon le lendemain en lisant les journaux ; ils essayent de se rassurer les uns les autres, invoquant l'expérience que Thompson possède de la jungle, son goût pour les excursions, le fait — ou en tous cas l'espoir — qu'on ne se perd pas dans une station aussi réputée que les Highlands où la marche est l'une des pratiques les plus courantes.

La nouvelle s'est également répandue dans la presse

internationale grâce à Jack Foise, journaliste du *Times* de Los Angeles, qui passe alors ses vacances aux Highlands et qui, lui aussi, participe aux battues.

Aux Highlands, la police et les volontaires tentent de savoir si quelqu'un a aperçu Thompson après quinze heures trente, cette après-midi où les Ling ont entendu de leur chambre des bruits de pas descendant vers la route. Ils obtiennent des informations, mais toutes sont contradictoires et peu fiables. Une femme déclare, par exemple, avoir vu à seize heures un homme répondant à la description de Thompson, alors à une bonne heure de marche de *Moonlight Cottage*. Elle prétend aussi qu'il portait un chandail et un appareil-photo, ce qui n'était pas le cas. Une autre dit l'avoir aperçu plus loin encore, discutant avec deux Malais.

Aux yeux des officiels, le témoignage le plus digne de confiance semble être celui d'une cuisinière d'une mission luthérienne située non loin de *Moonlight Cottage*. Elle affirme qu'aux environs de seize heures, un homme ressemblant au disparu montait la route, jetait un coup d'œil sur le jardin, puis rebroussait chemin. Une seconde domestique, au service d'une autre mission, raconte une histoire qui paraît contradictoire, mais qui est également jugée intéressante. Vers seize heures, elle a aperçu un homme debout sur un petit plateau à l'opposé de la mission. Il est resté là environ une demi-heure, puis "a disparu". Aux alentours du plateau désigné, les chercheurs trouvent une piste qui finit par se diviser en deux : l'un des chemins forme une boucle qui ramène à la piste initiale, l'autre s'enfonce profondément dans la jungle.

L'homme aperçu par ces gens était-il réellement Thompson ? La question ne recevra jamais de réponse satisfaisante et, plus tard, alors qu'on ne croit plus guère à la théorie de l'accident, ces dépositions seront plus ou moins ignorées. Pourtant, s'il s'était avéré que l'une ou l'autre des domestiques disait la vérité, bien des hypothèses auraient été infirmées. Après avoir eu connaissance d'une photographie du disparu, la cuisinière de la mission luthérienne affirme catégoriquement reconnaître Thompson, bien qu'elle hésite sur la description de ce qu'il portait : elle a vu un pantalon gris, alors que celui du disparu était bleu marine.

Les recherches du lundi sont également vaines ; mises à part les déclarations des employées des missions, aucun nouvel indice n'est découvert. Le mardi, les moyens mis en œuvre atteignent des proportions encore jamais vues ni aux Highlands, ni même en Malaisie. Quelque trois cent vingt-cinq policiers participent désormais aux recherches, et une trentaine d'aborigènes vivant dans la jungle sont engagés pour servir de guides. (La quasi-totalité des journalistes, malais ou étrangers, se sont référés à ces aborigènes sous le terme de *Sakai*, donnant ainsi l'impression qu'il s'agissait du nom de leur tribu. En fait, *sakai* est un mot malais qui a des connotations péjoratives et méprisantes ; c'est l'équivalent de «negro» aux États-Unis. Les anthropologues n'utilisent jamais ce terme et donnent aux tribus aborigènes leurs noms respectifs). Les battues sont également menées par de nombreux volontaires, soldats en convalescence, clients des hôtels et élèves de l'école américaine de Dalat, rassemblant les enfants des missionnaires américains d'Asie du Sud-Est. En tout, plus de quatre cents personnes prennent part aux recherches.

Les hélicoptères obtenus grâce aux efforts du général Black et de certains autres amis de Thompson ne sont pas d'un grand secours car, même à basse altitude, la jungle est tellement inextricable que l'on n'y distingue presque rien. On estime cependant que si Thompson y est perdu ou blessé, il saura trouver un moyen de se signaler, et les hélicoptères continuent donc de couvrir le secteur pendant une grande partie de la première semaine.

La popularité de Thompson et la publicité faite autour de sa disparition ont un retentissement mondial. On s'y attarde d'autant plus que son beau-frère, James H. Douglas, a été secrétaire de l'armée de l'air sous Eisenhower. On insiste sur le fait que James Bell, l'ambassadeur américain à Kuala Lumpur, a eu deux entrevues avec le Premier ministre, Tunku Abdul, et le secrétaire permanent du Bureau de la Malaisie, qui dirige l'une des sections de police pendant les recherches. (Le Premier ministre a rencontré Thompson plusieurs fois lors de ses visites à Bangkok et s'est beaucoup intéressé à son travail.)

Bell a envoyé également aux Highlands son associé Robert Bliss, et Washington s'est adressé directement à lui pour avoir connaissance des dernières évolutions de l'affaire.

Bien des gens sont persuadés que si Thompson avait été victime d'un accident, on aurait dû en trouver des preuves, même minimes, dès le premier jour. Alors que rien n'a été découvert le jeudi. Ces personnes — pour la plupart des amis ou des journalistes — commencent à soulever d'autres hypothèses. Ainsi, on insinue que des marcheurs se sont perdus dans la jungle des Highlands, mais ni dates, ni faits précis ne viennent corroborer de tels propos. On évoque, par exemple, la disparition d'une nonne, partie en promenade et que l'on ne revit jamais. Mais on replace systématiquement ce genre de drames dans un lointain passé : les autorités locales et les promoteurs nient formellement qu'un tel danger puisse exister aux Highlands en 1967, et réagissent avec beaucoup de virulence lorsqu'on leur fait remarquer que les pistes ne sont pas aussi dégagées qu'elles devraient l'être. La sécurité est assurée à quiconque s'en tient aux chemins principaux, assurent-ils, et les aborigènes de la région, plus enclins à aider les étrangers égarés qu'à les ignorer, se montrent accueillants et amicaux.

Puisque aucune trace de Thompson n'a été découverte, doit-on en conclure qu'il n'a pas été victime d'un accident, que quelque chose de moins "évident" s'est produit ? Au début, on suggère qu'il peut s'agir d'un enlèvement, bien que certains esprits élaborent des hypothèses plus sombres encore. Les enlèvements ont longtemps été un crime répandu en Malaisie, à tel point que les autorités ont fini par déclarer illégal le versement de rançon. Ce stratagème ne s'est pas avéré très efficace et les riches Chinois de Singapour, victimes de choix pour les ravisseurs, ont continué de disparaître et de réapparaître une fois versées les énormes sommes exigées, les familles préférant enfreindre la loi plutôt que de retrouver leurs chers disparus en menus morceaux. Il n'y a aucun cas connu d'Européen ayant subi le même sort, mais il n'est pas impossible que ces gangs aient décidé d'attaquer le "marché" étranger. Des rumeurs circulent selon lesquelles une bande de ce genre opère au nord-ouest des Highlands, et la richesse de Thompson est connue de tous. D'un autre côté, hormis ses amis à Bangkok, peu de gens connaissait son projet de week-end à *Moonlight Cottage*, bien qu'un journal, le *Bangkok World*, en ait fait mention dans ses colonnes.

Les images des terroristes qui hantaient jadis les pistes, même à *Moonlight Cottage*, reviennent alors dans les mémoires. Est-il possible qu'ils n'aient pas cessé leurs anciennes activités, ou qu'ils aient voulu effrayer le gouvernement ? L'un des employés de l'ambassade malaise à Bangkok voit là une piste non négligeable, et confie à un journaliste : «D'après ce que je sais, personne n'a jamais été porté disparu ici. S'il a été enlevé par l'un des survivants de l'«Emergency», il n'a aucune chance de s'en sortir.» Il ajoute qu'il peut y avoir une autre explication, à laquelle personne n'a encore songé à *Moonlight Cottage*. Thompson est «un personnage très occupé», dit-il ; il est donc peut-être parti pour un court voyage d'affaires, en oubliant malencontreusement de prévenir ses hôtes.

Dans leurs déclarations à la presse, le deuxième jour, les autorités ne semblent pas accorder beaucoup de crédit aux plus sinistres hypothèses. Ils penchent pour l'explication la plus banale : Thompson a dû se perdre ou se blesser dans la jungle. La thèse la plus étrange qu'elles font publier dans les journaux est fondée sur la présence d'animaux sauvages — léopards, ours, ou tigres même, bien qu'aucune trace de tigre n'ait été signalée dans les environs de *Moonlight Cottage* depuis des années.

Ces déclarations sont vraisemblablement sincères, mais plus d'un an après, certains de ceux qui participèrent aux recherches laissèrent entendre qu'après quarante-huit heures passées à fouiller la jungle, sans succès, les soldats désillusionnés avaient relâché l'effort des recherches. Il est impossible de vérifier ce fait, mais on ne peut cependant pas blâmer ces hommes d'avoir réagi ainsi. Des rumeurs mettant sérieusement en doute la thèse de l'accident ont commencé à circuler dès le troisième jour, et les soldats y ont certainement ajouté foi, comme du reste beaucoup de gens.

Chapitre 3

Dès le lendemain, le surnaturel se mêle à l'enquête, ce qui rend le cas Thompson plus captivant encore aux yeux des journalistes. En effet, un homme se présente en fin d'après-midi à *Moonlight Cottage* et affirme être un *bomoh* renommé, terme habituellement traduit par «sorcier» mais qui n'a pas en thaïlandais les connotations qu'on lui donne en français. Il se dit prêt à utiliser ses pouvoirs pour définir l'endroit où se trouve Thompson. Il entre alors en transe et déclare que l'Américain est vivant et en bonne santé, mais qu'il est gardé par des mauvais esprits dans la jungle. Le *bomoh*, épuisé par sa performance, regagne son village où il exerce officiellement le métier de peintre en bâtiment, mais revient à la villa le lendemain, porteur de nouvelles pleines d'espoir : le disparu est retenu au pied d'un arbre, qu'il situe avec précision sur les cartes utilisées par les chercheurs. Plusieurs hommes s'élancent vers le lieu indiqué et sont parfaitement déçus de ne pas y rencontrer Thompson attendant patiemment sa délivrance. Cela n'ébranle en rien la foi du *bomoh* qui est persuadé que les esprits l'ont déplacé. Après être entré une nouvelle fois en transe, il annonce que l'Américain reviendra par ses propres moyens à la villa le lendemain matin, à neuf heures. Il ne réapparait pas. Le *bomoh* décide alors de se rendre à Ipoh pour demander conseil au médium le plus réputé de la région, prétextant que ses pouvoirs ne sont pas adaptés à la situation.

Ce n'est que le premier maillon d'une longue chaîne de *bomoh*, de voyants, de devins, d'astrologues, de chiromanciens, de radiesthésistes, et autres adeptes des sciences occultes, tous attirés par l'affaire Thompson. Ils affluent de partout et sont si nombreux qu'un compte rendu de leurs activités aux Cameron Highlands nous donnerait un tableau précis de l'état de ces pratiques à l'époque, depuis le petit village d'Ipoh jusqu'en Occident. Nous

nous bornerons dans le cadre de cette étude à en cerner les conséquences sur les recherches ; c'est pourquoi il est important dans un premier temps de souligner combien le surnaturel est intimement lié à la vie quotidienne en Asie.

Pratiquement chaque village malais possède son propre *bomoh*, auquel on fait appel lors de problèmes délicats tels que la disparition d'une épouse ou l'impuissance, et c'est ainsi qu'il gagne confortablement et honorablement, aux yeux de la communauté, sa vie. Les principes philosophiques du bouddhisme ont tissé entre l'animisme et l'astrologie des liens très complexes, si bien qu'il est souvent difficile pour un étranger de déterminer où commence chacune des deux doctrines, d'autant plus que certains des voyants les plus reconnus du pays sont également moines. Les jungles d'Asie du Sud-Est sont réputées pour les nombreux esprits, malins et bienveillants, qu'elles abritent, et la majorité des habitants des campagnes, de même que certains citadins, les rendent responsables de tous les maux dont ils sont victimes, depuis la maladie jusqu'à la faillite. On trouve des amulettes censées attirer les meilleurs d'entre eux et repousser les pires, alors que certains talismans, qui peuvent prendre la forme d'éblouissants tatouages, doivent protéger des balles, couteaux et autres armes mortelles. Récemment, l'un des quotidiens en langue anglaise de Bangkok fit de la publicité pour une amulette pare-balle, soulignant avec assurance «qu'un test pouvait être effectué sur demande» ; on ne sait évidemment pas s'il y eut des candidats, mais il est surprenant qu'un tel encart ait été publié dans un journal dont les lecteurs sont essentiellement européens. Les bandits thaïlandais sont généralement parés de tatouages protecteurs, et la foi en ces pratiques est si forte que le gouvernement se sentit obligé de faire exécuter l'un de ces truands pour prouver au public qu'il était tout aussi mortel que son voisin non tatoué. Le cas de Thompson démontra une fois encore que l'essence même de telles pratiques permet de justifier leurs éventuels échecs sous couvert de phénomènes surnaturels incompréhensibles. La science et son cartésianisme étroit sont une fois encore très loin.

Ces croyances ne sont pas confinées aux classes les plus

défavorisées de la société. Elles atteignent même, sous une forme ou sous une autre, les membres du gouvernement : en Malaisie, en Thaïlande, au Laos, au Cambodge, et en Birmanie, les gouvernements ou les cours ont leurs astrologues attitrés. Ces derniers participent de près à la vie politique en définissant par exemple la date propice à la signature d'une constitution ou à la formation d'un parlement. Ainsi, lorsque Sarit Thanarat, alors Premier ministre, eut à se rendre aux États-Unis pour y subir une opération chirurgicale, l'heure de son départ de Bangkok fut soigneusement calculée par un astrologue et les cérémonies d'adieux précisément chronométrées de façon à ne pas retarder le décollage de l'avion.

La seule différence notable, semble-t-il, entre l'Est et l'Ouest réside dans l'anxiété éprouvée par les Occidentaux lorsque le surnaturel sort du cadre sécurisant et traditionnel de la religion. Il existe en Occident quelques rares affaires pour lesquelles on fit appel à des voyants pour compléter les investigations policières — le cas de l'Étrangleur de Boston est vraisemblablement le plus connu — et certaines personnalités, dont Arthur Conan Doyle, choisirent de se diriger dans une voie plus mystique ; mais les sciences occultes ont en général très mauvaise réputation et sont considérées comme peu dignes d'intérêt. Une fois sorti de son église, l'Occidental moyen ne retient que les explications rationnelles et scientifiquement démontrables, alors qu'on ne peut séparer clairement la foi asiatique du scepticisme ; c'est pourquoi, dans le cadre de l'affaire Thompson, les méthodes "rationnelles", si elles échouaient, étaient rapidement remplacées par des moyens de recherche moins rigides. Il n'en reste pas moins que les suppositions provenant de telles méthodes étaient envisagées avec prudence.

Les médiums qui ont joué un rôle dans l'affaire Thompson n'étaient pas forcément des déments ou des excentriques. Il ne s'agissait pas non plus, à quelques exceptions près, de charlatans en mal d'argent et de publicité, profitant de la crédulité ambiante. Il est d'ailleurs intéressant de souligner que parmi les rares cas appartenant à cette catégorie, il se trouvait plus d'Européens que d'Asiatiques.

Mais la plupart de ces spécialistes des sciences occultes étaient de respectables membres de leur communauté, représentants d'une noble et ancienne tradition.

Chapitre 4

On commence à perdre espoir le mercredi, et le jeudi soir, malgré les efforts des chercheurs, rares sont ceux qui croient pouvoir revoir Thompson, ce qui ouvre la porte à de nouvelles hypothèses. Presque tous l'ont recherché avec acharnement pendant les trois premiers jours, jamais la jungle n'a été à ce point fouillée. L'ampleur des investigations et l'absence totale d'indications sur ce qui a pu se produire amènent les esprits à considérer qu'il est impossible que Thompson, mort ou vivant, soit dans la région des Highlands. Presque toutes les théories que l'on échafaude à partir de ce moment-là découlent de cette conviction. Un membre de la police locale affirme pourtant dans un rapport, qui est parfois oublié et souvent ignoré, que pour espérer couvrir la superficie de la jungle, «il aurait fallu réquisitionner un régiment entier pendant environ un mois». Les moyens mis en œuvre sont nettement inférieurs, sans compter que les efforts s'épuisèrent après une semaine de battue. Cinq jours seulement après la disparition, un officiel de la police déclarera à un journaliste qu'il y a désormais «peu d'espoir» que Thompson soit retrouvé vivant.

Le troisième jour, alors qu'il n'y a aucune preuve qu'il soit allé dans la jungle — pas un lambeau de ses vêtements accroché aux branches, pas un vautour dans le ciel — les gens s'interrogent, et certains posent des questions plus ou moins passées sous silence le premier jour. Si Thompson est un grand fumeur, comme le disent ses amis, pourquoi a-t-il laissé ses cigarettes dans la villa ? Et pourquoi n'a-t-il pas emporté sa "boîte à jungle" alors que, selon son médecin, il est susceptible d'avoir à tout moment de terribles crises ? Enfin, s'il est parti pour une courte balade et a eu un accident, comment a-t-il réussi à s'éloigner au point qu'on ne puisse le retrouver ? S'est-il réellement rendu dans la jungle? Quelqu'un lui a-t-il fait signe alors qu'il se faisait bronzer sur la pelouse pour l'attirer sur la route ? Si c'est le cas, qui cela peut-il être ? Et pourquoi ?

On commence à prêter une oreille attentive à l'histoire d'un pompiste du garage de Tapah, où Thompson et Connie Mangskau ont été obligés de changer de taxi. Il dit avoir remarqué un détail assez étrange le dimanche, jour de la disparition. Vers quinze heures trente, cinq voitures immatriculées en Thaïlande ont gravi la route des Highlands. Selon les rapports, il a conservé de l'incident un souvenir singulièrement précis : «Il y avait, dit-il, deux Volkswagen, une camionnette, une Chevrolet noire, et une Cortina marron avec un toit blanc. À dix-sept heures trente, les mêmes voitures étaient redescendues de la colline.» Thompson se trouvait-il à bord de l'une de ces voitures à ce moment-là ?

Cette histoire fit l'objet de plusieurs articles ; elle fut notamment longuement rapportée dans le *New York Times*, et continue d'être à l'origine de nombreuses hypothèses. Cependant, la police judiciaire malaise, après avoir procédé à des investigations, est convaincue qu'aucun événement de ce genre ne s'est produit. Il s'agit donc manifestement d'une des multiples fabulations auxquelles ont donné lieu les commérages des premiers jours de recherches et qui, à force d'être répétées, ont fini par falsifier les faits. Ce phénomène s'observe dans toutes les affaires mystérieuses livrées à l'opinion publique, mais il a pris dans le cas de Thomspon des proportions d'autant plus importantes qu'il n'y avait aucune preuve pour infirmer ou confirmer les récits imaginaires. Il en résulte qu'aujourd'hui (en 1969), au moins une demi-douzaine de ces "faits" sont solennellement cités comme des vérités premières, qui ont largement contribué à semer la confusion générale.)

Le récit de Connie Mangskau excite également l'intérêt. Plus précisément l'épisode du changement de voiture à Tapah et la requête des deux Chinois souhaitant partager le même taxi. «Était-ce une tentative d'enlèvement qui aurait échoué ?» s'interroge un journaliste du *Times*, faisant ainsi écho à la question posée et reposée à Bangkok et à Singapour. (Encore une fois, la police judiciaire malaise dément formellement cette hypothèse ; l'identité des conducteurs a été vérifiée, et les explications données semblent tout à fait plausibles. Le changement de taxi est apparemment un procédé suffisamment courant pour ne pas avoir effrayé ceux qui ont fait le voyage jusqu'aux Highlands auparavant. Mais on n'accorda que peu d'importance à ces explications officielles et l'opinion publique resta fermement convaincue qu'il y a avait quelque chose d'étrange dans cet incident.)

À Bangkok, le lundi et le mardi sont des jours sombres. La Thai Silk Company reste ouverte car chacun sait que tel serait le désir de Thompson. De plus, la boutique doit servir de centre de communication. Le personnel, abattu et impuissant, sursaute à chaque sonnerie du téléphone. Soucieux d'obtenir des nouvelles, les amis du disparu passent outre l'interdiction d'utiliser la ligne du magasin ; d'autres se rendent directement à la boutique, partageant ainsi l'attente lugubre des employés. «À part ce sentiment d'inutilité totale, se souvient l'un des membres du personnel, le plus dur à supporter furent les touristes. Les uns, qui ne connaissaient pas Jim, continuaient de faire leur shopping alors que les vendeurs affichaient tous un visage sinistre. Les autres, qui furent mis au courant à leur arrivée, apprirent avec stupéfaction la nouvelle. C'était comme une veillée mortuaire où la moitié des gens seraient venus en croyant se rendre à un cocktail.»

Le mardi, un employé travaillant depuis très longtemps pour Thompson ne peut plus endurer cette attente, et émet le désir de partir en Malaisie et prendre part aux recherches. Sheffield l'y autorise et l'engage à agir au nom de la société, lui assurant un soutien financier : des promesses de récompense pourraient peut-être accélérer les recherches. Deux jours plus tard, deux autres amis du disparu, le général Black et Dean Frasche de l'Union Carbide, s'envolent également pour la Malaisie, accompagnés de l'assistant de Black, le lieutenant Denis Horgan. L'espoir de résoudre rapidement le mystère de la disparition est assez mince; Sheffield a autorisé Black et Frasche à proposer une récompense de 10.000 dollars pour la moindre information crédible. Ce montant a été suggéré par les autorités malaises, et représente une somme très importante au regard des revenus locaux. Dans les semaines qui suivent, il est augmenté plusieurs fois, et finit par atteindre la somme de vingt cinq mille dollars.

Les deux amis restent aux Highlands quatre jours, passés pour la plus grande partie dans la jungle, accompagnés de guides aborigènes, tout en maintenant un contact radio avec le lieutenant Horgan basé à *Moolight Cottage*. Parmi tous ceux qui participent aux recherches, Black et Frasche sont les seuls à avoir déjà fait des excursions avec Thompson en Thaïlande, et espèrent à ce titre reconnaître les chemins et les points de vue qui pouvaient l'attirer. Ils suivent ainsi une douzaine de pistes, mais après quelques jours, il leur reste aussi peu d'espoir qu'aux autorités officielles. «Rien n'indique que Thompson soit allé dans la jungle.», confie le Général Black à un journaliste,

Mais s'il n'est pas dans la jungle, il doit bien se trouver quelque part. Black et Frasche n'ont pas la prétention d'apporter de nouveaux éléments ; cependant, d'autres se chargeront à leur place d'échafauder des hypothèses souvent extravagantes.

Chapitre 5

L'un de ces esprits imaginatifs frappe dès le mercredi, alors que la thèse de l'enlèvement commence à apparaître dans les nouveaux rapports de recherche. Ce jour-là, le professeur Ling doit retourner à Singapour pour honorer un rendez-vous professionnel important ; quant à Helen Ling et Connie Mangskau, elles prolongent d'une semaine leur séjour à *Moonlight Cottage*, pour assurer une permanence pendant la durée des recherches officielles. Le professeur, peu après son retour chez lui, reçoit un troublant appel téléphonique d'un homme parlant un anglais hésitant et qui se présente sous le nom de Michel Vermont. Il prétend savoir où se trouve Jim Thompson, et lui demande un rendez-vous.

C'est un jeune Eurasien élégamment vêtu ; le professeur Ling pense qu'il doit avoir du sang indonésien. Vermont — nom d'emprunt probablement — déclare que Thompson a été capturé, et qu'on le garde prisonnier dans une maison non loin de Tapah, au pied de la colline des Highlands. Puis il prie le professeur de l'accompagner en Malaisie, lui assurant qu'il y a moyen de s'entendre moyennant une rançon. Cette proposition semblant suspecte, il prétend alors ne pas pouvoir manquer son rendez-vous, et explique que deux amis de Thomspon (Black et Frasche) arriveront le lendemain aux Highlands, et que d'ici-là il tentera d'organiser une rencontre entre les trois hommes. Vermont accepte, lui faisant cependant savoir qu'il a besoin d'argent pour se rendre à Tapah ; le professeur lui remet cinquante dollars malais. Après le départ de l'Eurasien, Ling téléphone à sa femme pour lui faire part de l'incident. Deux jours plus tard, Black et Frasche se rendent au lieu convenu pour rencontrer Vermont : il n'y a personne.

Vermont rappelle *Moonlight Cottage* le lendemain, en essayant de fixer un autre rendez-vous, mais cette fois-ci le doute pousse Helen Ling à exiger des garanties ; elle lui demande le numéro de sa carte d'identification. (À Singapour, chaque résident est tenu de posséder cette carte, dont le numéro est rigoureusement enregistré par la police.) Vermont s'exécute, mais le numéro s'avère faux. Vermont finit par laisser tomber l'affaire, non sans avoir rappelé le professeur Ling en lui conseillant de quitter immédiatement Singapour s'il tient à la vie.

Ce désagréable épisode, le premier d'une longue série, est le fruit d'une rumeur faisant état de l'immense richesse de Thompson. Les mises en scène suivantes se déroulent exactement de la même façon : une histoire plus ou moins plausible (et qui deviendra de plus en plus facile à élaborer avec le temps), une première et faible demande d'argent, une précipitation soudaine des événements qui brouille généralement les pistes, puis l'éventuelle disparition de l'intermédiaire qui cherche malgré tout à obtenir une compensation. Durant les premiers mois, les Ling reçoivent ainsi un grand nombre de lettres et d'appels, dont certains contiennent des menaces.

L'absence de preuves et de faits permet des extravagances, en comparaison desquelles l'épisode Vermont paraît bien terne. Un journal thaïlandais de Bangkok, rapportant l'histoire de Thompson avec les frelons, publie en première page un article affirmant que Thompson a jadis été enlevé par le fameux "Gang des Frelons sauvages", et que sa disparition est probablement à nouveau l'œuvre de ces affreux bandits.

Les titres de la presse sont assez répétitifs, les formules étant partout les mêmes : "Le roi de la soie", "Le milliardaire américain"... Les gens sont tellement convaincus que Thompson a amassé des millions grâce à son entreprise que Sheffield se sent obligé de rétablir la vérité, et explique à un journaliste que l'Américain ne possède que peu de biens en Thaïlande, hormis ses œuvres d'art. Il omet de relater que "le roi de la soie", lorsqu'il a débarqué en Malaisie, avait un peu moins de cinquante dollars sur son compte, vérité assez décevante pour la presse avide de sensationnel. Ce n'est cependant pas là une situation exceptionnelle, bien au contraire : Thompson gagne beaucoup d'argent, c'est vrai, mais il le dépense presque intégralement pour sa collection.

À la fin de la première semaine, le *New York Times* rassemble les informations dont on dispose alors et analyse les arguments qui démontrent que Thompson n'est peut-être pas parti de son plein gré. Les journalistes établissent donc une liste dans laquelle sont cités les points suivants :

1 : Thompson fumait énormément. Il est pourtant parti sans prendre ni cigarettes, ni briquet. 2 : il était sujet à de graves problèmes de santé : ses crises hépatiques lui causaient de terribles spasmes, pourtant il n'a pas emporté ses pilules. 3 : un cadavre n'est généralement pas difficile à retrouver dans la jungle et il est étrange que ni chiens ni vautours n'aient rien découvert.

Le professeur Ammundsen, resté aux Highlands pour participer aux recherches, s'élève formellement contre l'hypothèse du suicide. «C'était un homme passionné par son travail, réfute le médecin, je ne vois pas ce qui aurait pu le pousser à faire une chose pareille.» Connie Mangskau et les Ling partagent le même sentiment ; ils avaient bien remarqué que Thompson semblait fatigué, mais il ne leur avait pas paru particulièrement déprimé.

À Bangkok, les gens font ressurgir le passé de Thompson, et surtout son engagement dans l'OSS, organisation fondée pendant la guerre, devenue par la suite la CIA. Le fait de savoir qui est ou qui n'est pas "un respectable Américain" est un dilemme qui exerce une fascination sans limite dans la plupart des capitales d'Asie du Sud-Est, et le nom de Thompson est souvent prononcé dans ce genre de discussions — la plupart du temps semble-t-il sur la base incertaine du proverbe qui veut qu'«une fois que l'on a été agent secret, on le reste». Au fur et à mesure que le mystère de la disparition s'épaissira, ce thème reviendra de plus en plus fréquemment, et il suffira de quelques semaines pour que tout Bangkok s'accorde sur l'hypothèse qui trouve ses fondements dans de telles suppositions.

Certains journalistes, ainsi que plusieurs lecteurs naïfs, croient trouver un espoir dans l'épisode que conte Connie Mangskau au sujet du voyage de Thompson au Népal. Selon la version déformée dont font état la plupart des rapports, Thompson était parti pour plusieurs jours en montagne, dans l'Himalaya, et avait disparu deux semaines durant, réapparaissant soudain en excellente santé. Si une chose pareille a pu se produire dans ces montagnes hostiles, pourquoi ne pas imaginer un dénouement aussi heureux aux Highlands ? Malheureusement, ce qui s'était réellement passé au Népal était bien moins excitant, comme auraient pu le découvrir les journalistes s'ils s'étaient donné la peine de vérifier leurs informations : Thompson ne s'était en aucun cas égaré, son retour avait simplement été retardé ; de plus, il était parti avec toutes les garanties de sécurité, accompagné de guides népalais, et de sa nièce américaine.

Les médiums malais et thaïlandais interviennent au moment où les recherches sont déclarées infructueuses. Un *bomoh* de Tanah Rata, (village qui en abrite manifestement plusieurs) entre en transe et a la révélation que Thompson est retenu par le Grand Esprit de la Forêt, qui n'a pas calmé sa colère et se venge à présent de tout le sang versé pendant l'"Emergency". Bien d'autres *bomoh* des environs se rendent à *Moonlight Cottage* pour proposer leurs services, dressant des autels dans le jardin, méditant sur les cartes des environs pour indiquer où se cache le disparu. Ils ne parviennent cependant pas à s'accorder sur le lieu et les raisons de détention de l'Américain, mais tous pensent qu'il est vivant et qu'on le découvrira tôt ou tard. Les enquêteurs les écoutent avec une attention respectueuse, et tous les lieux qu'ils ont indiqués sont explorés, sans aucun succès.

Le samedi suivant la disparition, un étranger se joint aux autochtones. C'est le premier étranger à se mêler de l'affaire, mais pas le moindre : c'est Al Koran, un Anglais extra-lucide, qui vient de donner une série de représentations dans les boîtes de nuit de Bangkok. Il ajoute à la liste déjà longue des suppositions un triste pressentiment : Thompson, expose-t-il, est allé dans la jungle comme le font les éléphants, afin de trouver un lieu secret où mourir. «J'ai senti cela de façon plus aiguë que tout ce que j'ai pu sentir dans ma vie entière», raconte-t-il aux journalistes avant de s'envoler vers l'Angleterre pour de nouveaux spectacles.

Les médiums thaïlandais n'ont pas perdu leur temps non plus, tout excités par l'intérêt croissant qu'on accorde à l'affaire. Un matin, pendant la première semaine de la disparition, une jeune femme thaïlandaise entre dans le bureau de Sheffield à la Thai Silk Company et déclare posséder d'exceptionnels dons de voyance. Elle demande qu'on mette à sa disposition une pièce où elle pourra faire une démonstration, qui doit définir le lieu de détention de Thompson. L'autorisation lui est accordée, et un groupe d'employés se rassemble devant un carré de tissu blanc que la femme a suspendu au mur d'une pièce plongée dans l'obscurité. Elle allume des bougies et des bâtons d'encens sous le tissu, et informe l'assemblée que si tous se concentrent comme elle le fait elle-même, ils verront Thompson apparaître sur l'écran, «exactement comme à la télévision». Il n'y a aucune raison de croire que ces employés en deuil ne fassent pas preuve du recueillement et de la concentration nécessaires, pourtant personne ne discerne quoi que ce soit parmi les ombres tremblotantes projetées par les bougies. La jeune femme se montre déçue de leur échec : elle a, quant à elle, aperçu Thompson dans une situation difficile, tenu en joue par deux jeunes hommes munis d'un pistolet.

Plusieurs employés de la société consultent leurs propres médiums qui, comme leurs confrères malais, se montrent optimistes. On accorde un crédit toute particulier à un prêtre portugais d'un certain âge qui a été professeur pendant des années dans l'une des missions catholiques de Bangkok. En plus de ses connaissances spirituelles et pédagogiques, il a la réputation d'être un sourcier extraordinaire. Il a d'ailleurs longuement expliqué ce talent dans une brochure qui contient une foule d'informations curieuses et surprenantes sur le sujet. Ce petit ouvrage s'ouvre sur un bref historique dans lequel l'auteur — peut-être pour devancer toute critique religieuse sur sa passion — rappelle que «entre les deux guerres, un prêtre français, l'abbé Mermet, éleva l'art du sourcier à son plus haut degré d'efficacité et de précision». Puis il explique comment cet art divinatoire peut servir à trouver de l'eau, de l'huile, guérir les maladies et prescrire des remèdes, retrouver des enfants enlevés par des bandits, et déterminer le sexe des fœtus. Parmi les nombreuses informations légèrement déroutantes, on trouve notamment celles-ci :

«Le travail avec la baguette divinatoire est très fatigant, et peut même avoir sur la santé des effets nocifs si l'on en abuse.

Le désir de trouver est le plus grand ennemi du sourcier. S'il est occupé à chercher de l'eau en un lieu précis, le pendule tournera, le bâton s'abaissera vers cet endroit, et la plupart du temps ses pronostics seront faux.

Supposons qu'un avion s'écrase entre Bangkok et Rangoon, dans la chaîne de montagnes du Tenasserim — et c'est là un lieu terrible pour s'écraser —, un bon sourcier indiquera sur la carte l'endroit exact où se trouve l'avion, le nombre de rescapés et celui des blessés. Il va sans dire que ces informations peuvent se révéler extrêmement utiles.

En 1943, le Vatican a interdit aux prêtres catholiques d'utiliser la sorcellerie pour intervenir dans les affaires privées.»

De tels talents se révéleraient, comme le dit le prêtre, «extrêmement utiles» dans le cas de Thompson. Il travaille donc beaucoup sur la carte des Highlands avec sa baguette et son pendule. Hélas, les résultats sont franchement décevants. Il détermine que Thompson est encore en vie, bien que «dans un état de grande faiblesse», et les recherches à l'endroit qu'il a indiqué s'avèrent absolument vaines, probablement à cause de ce «désir de trouver», contre lequel il mettait lui-même en garde dans sa brochure.

Chapitre 6

Le dixième jour de la disparition de Thompson, après avoir poussé les recherches dans un rayon d'environ cent kilomètres autour de *Moonlight Cottage*, la police met officiellement fin aux investigations. Cependant, on n'abandonne pas entièrement l'idée de trouver certains indices que la jungle pourrait encore receler. Pendant près d'une trentaine de jours, des patrouilles de police font d'occasionnelles sorties lorsqu'un élément suffsamment convaincant leur est communiqué. De surcroît, la promesse d'une récompense, de plus en plus élevée, attire pendant plusieurs mois de nombreux volontaires, qui, deux ans après la disparition de l'Américain, continueront de croire qu'il est encore possible de le retrouver.

Rechercher Thompson devient une sorte de "sport" pour certains touristes qui mêlent ainsi le dépaysement à l'attrait miroitant de la prime. Au milieu du mois d'avril, un groupe venu d'Ipoh, qui s'est lui-même baptisé «Le Club des aventuriers du Perak», se rend ainsi sur les lieux du drame et proclame que ses membres vont tenter d'apporter un nouvel éclairage sur ce mystère. Les douze membres du groupe se séparent en deux à Tanah Rata, et partent dans des directions opposées. Le président de l'association signale dans la presse que la prime n'est pas la motivation première de leurs efforts ; il assure qu'une telle expédition représente surtout un entraînement de premier ordre pour chacun des membres. Cet entraînement rigoureux sera d'ailleurs la seule récompense des trois jours et trois nuits de recherche qu'ils passent à sillonner la jungle.

Près d'un mois plus tard, Hiong Chong Hock, homme d'affaires singapourien, met sur pied un plan d'attaque assez douteux. Il estime avoir un avantage sur les «Aventuriers du Perak», malgré toute leur maîtrise de la jungle : sa nièce, Wong Yoke Sean, est en effet médium. Celle-ci entre en transe à la demande de son oncle et dévoile alors que Thompson se terre dans une grotte non loin de *Moonlight Cottage*. Hiong Chong Hock tente de s'y rendre mais ne parvient qu'à se perdre pendant deux jours. Inébranlable, il y retourne jusqu'à ce que la police, effrayée des dangers que représentent de telles démarches, le persuade d'abandonner ses recherches.

Les actions individuelles de ce genre sont difficiles à dénombrer, mais on peut se demander si les recherches officielles furent suffisamment consciencieuses, quand elles sont à l'origine de si nombreuses élucubrations. La logique la plus implacable veut en effet qu'à défaut d'être dans la jungle, il faut bien que Thompson se trouve quelque part. Même si les témoignages sont fluctuants et si les opinions sur le sujet divergent considérablement, on peut avancer, sans pour autant extrapoler, deux points de vue : étant donné la configuration géographique des Highlands et le nombre limité des chercheurs professionnels disponibles sur le moment, il semble que tout ce qu'il était humainement possible de faire ait été fait, plus encore que pour un promeneur ordinaire ; d'un autre côté, les recherches ne furent pas aussi poussées qu'on a pu le dire.

Parmi les différents aspects de cette affaire, seule l'infaillibilité des recherches est clamée avec assurance. On a eu tendance, et plus particulièrement dans les journaux, à insister sur leur efficacité sans se préoccuper des faits réels. Installé à Hong-Kong, Richard Hughes, le célèbre correspondant du journal londonien, le *Sunday Times*, écrira un an après la disparition de Thompson que «des chercheurs professionnels de la jungle» ont été envoyés sur le lieu du drame en «moins de cinq heures». Ce n'est évidemment qu'un détail, cependant cela a conduit à une mauvaise interprétation des moyens mis en place ; en effet, aucun investigateur spécialisé n'arrivera aux Highlands avant le lendemain et les contingents ne seront formés que vingt-quatre heures après le drame.

Le second malentendu, plus significatif encore, concerne les chiens entraînés à ce genre de situation. Il a été en effet plusieurs fois question d'utiliser ces chiens, mais on affirme soudain que cela a été fait. En réalité, mis à part le cocker du commandant anglais, qui est lancé sur les traces de Thompson le premier soir, on n'utilisera jamais qu'un seul chien, un vieux limier plutôt pataud, réquisitionné le second jour et qui ne flairera rien d'encourageant. Des explications paradoxales sont avancées pour justifier l'absence des chiens : on objecte dans un premier temps que la meute de la police d'Ipoh a été peu de temps auparavant décimée par une épidémie ; on assure aussi que les animaux ont été envoyés à Singapour, sans préciser pourquoi. Quoi qu'il en soit, on n'y a jamais eu recours (le temps que les chiens soient amenés d'Ipoh, la trace de Thompson aurait probablement été effacée par le passage des chercheurs), mais le crédit accordé aux versions affirmant que rien ne fut oublié pendant les manœuvres s'en trouve radicalement diminué.

Il est évident qu'aucune enquête ne peut se vanter d'être infaillible. Il suffit de se souvenir de l'enlèvement de Lindbergh qui a eu lieu en Angleterre en 1932 : malgré la mobilisation de centaines de personnes et une diffusion démesurée de tracts et de messages faisant état de la disparition de l'enfant, le corps du bébé ne sera découvert que bien plus tard alors qu'il git dans une tombe peu profonde, à environ huit kilomètres de la maison de ses parents. Or la nature environnante est bien moins sauvage et menaçante que celle des Cameron Highlands. L'une des péripéties liées aux recherches de Thompson rappelle étroitement cette affaire : on pensait que le ravisseur avait éloigné sa victime du lieu du crime, et c'est ainsi que la découverte du corps du bébé ne tint qu'au pur hasard. Une histoire similaire se déroula dans les Cameron Highlands : quelques jours avant la disparition de l'américain, on découvrit également par hasard l'épave d'un

C-47 de l'armée de l'air américaine qui s'était écrasé en 1947 et qui avait déjà fait l'objet de recherches poussées. L'avion se trouvait à quelques kilomètres seulement d'une route très fréquentée.

Ces remarques ne sont en aucun cas des critiques sur la façon dont les opérations furent menées, car un certain professionnalisme présida en général à chaque décision ; de plus les manœuvres furent poussées beaucoup plus loin que ce qu'on espérait. On peut affirmer que si Thompson avait été victime d'un simple accident, on aurait probablement retrouvé son corps. On dispose cependant de plus d'une demi-douzaine d'explications qui permettent d'affirmer qu'il a péri dans la jungle. Ainsi, on a dit qu'il était tombé dans un de ces pièges à animaux, creusés illégalement par les aborigènes, qui, après avoir découvert le corps, l'auraient enterré à la hâte ; on a aussi soutenu que, blessé, il avait réussi à ramper jusqu'à l'une des nombreuses grottes de la région, s'abandonnant ainsi à son sort ; certaines personnes étaient quant à elles convaincues qu'il avait tenté de retrouver son chemin et s'était alors éloigné des lieux où les recherches avaient été circonscrites, ce qui laissait sa découverte aux mains du hasard. Ces suppositions, qui furent largement défendues en un premier temps par certaines personnes proches de l'affaire, perdirent tout leur crédit lorsque les recherches officielles s'achevèrent.

Au milieu du mois d'avril, des hypothèses plus vraisemblables se font jour. Les rumeurs concernant les voitures mystérieuses, les soit-disants gangs de ravisseurs, le changement de taxi, le passé politique mouvementé de Thompson (réel mais en l'occurence objet d'exagérations notoires), et les affirmations répétées selon lesquelles il n'avait jamais cessé son activité politique, tous ces éléments associés à la frustration de voir le mystère se prolonger provoquent le désir de voir surgir une explication qui réunirait enfin tous les éléments du puzzle.

On ne tarde pas à obtenir ce que l'on attend. Le *bomoh* malais, Inche Awan bin Oswan, lève un coin du mystère en affirmant qu'il est entré en contact avec le «Raja Kramat» (le «roi des esprits») et que ce dernier lui a certifié que Thompson n'a jamais franchi la lisière de la jungle ; en quelque sorte il formule clairement ce que tant de personnes murmurent déjà. Ce nouvel élément ne fait que peu de bruit ; en effet, même les journalistes commencent à se lasser de l'omniprésence des *bomoh* et de leurs vaines transactions avec l'au-delà. Ils se tournent à ce moment-là vers une instance spirituelle qui entre en compétition avec les méthodes jusque-là utilisées et qui est incarnée par une espèce de *bomoh* occidental, Peter Hurkos. Jugeant la méthode archaïque, ce dernier n'a en aucun cas recours aux esprits.

Chapitre 7

Peter Hurkos est un médium hollandais qui s'est vu doté de dons extra-sensoriels après être tombé d'une échelle dans son pays natal, en 1943. Il s'exile aux États-Unis après la guerre, où il acquiert une certaine renommée et bénéficie même une sorte de reconnaissance de la part des scientifiques. La Californie, État dans lequel ces phénomènes sont acceptés avec moins de scepticisme que partout ailleurs dans le pays, va même jusqu'à l'accueillir avec enthousiasme. Il compte de nombreux admirateurs parmi les acteurs, et on projette de tourner un film à grand succès lorsque la police lui demande de l'aider à identifier l'assassin mystérieux qui a étranglé treize femmes dans la région de Boston entre 1962 et 1963. Les méthodes suivies dans cette affaire dite de l'"Étrangleur de Boston" sont quasi similaires à celles qu'il met en œuvre pour celle de Thompson ; ainsi il semble intéressant de résumer brièvement ce que Gerold Frank rapporte dans son ouvrage. Hurkos fut accueilli avec une certaine méfiance par les officiels de la police ; en effet, la plupart n'étaient guère enchantés à l'idée de devoir prendre en compte les opinions d'un personnage controversé. C'est vraisemblablement la raison pour laquelle dès son arrivée à Boston, celui-ci tenta de les impressionner en donnant à chacun une série de détails personnels et familiaux auxquels seuls ses dons avaient pu lui donner accès. C'est ainsi qu'il obtint l'adhésion de certains d'entre eux. Il débuta alors ses recherches qui lui rapporteraient 3 000 dollars s'il parvenait à identifier l'étrangleur. Le plus souvent, il s'emparait d'un objet ayant appartenu à la victime — des bas, une écharpe, un chemisier, etc. — ou se rendait sur le lieu du crime et laissait ensuite agir ses dons divinatoires qui lui faisaient «voir» ou «sentir» ce qui s'était passé. De nombreux éléments lui furent ainsi révélés parmi lesquels, l'apparence de l'assassin dont il donna une description détaillée. Il fit un compte rendu poignant de la façon dont plusieurs des meurtres eurent lieu, et pour appuyer ce qu'il avait vu alla même jusqu'à désigner une porte devant laquelle l'assassin avait attendu en fumant, et où la police avait en effet retrouvé plusieurs mégots de cigarettes. Peu de temps après, les inspecteurs lui remirent l'une des nombreuses lettres d'aveux qu'ils avaient reçues, et sans même l'ouvrir Hurkos affirma que l'auteur de cette missive était le meurtrier. Tous furent étonnés de s'apercevoir qu'il y avait certaines ressemblances entre ce nouveau suspect et celui qu'Hurkos avait décrit grâce aux vêtements des victimes. Tout cela était très impressionnant, mais la police restait hésitante car ses soupçons s'étaient tournés jusque là vers un autre suspect qui fut finalement condamné à mort. Hurkos continue aujourd'hui de croire qu'il avait raison et que l'homme qui fut pendu n'était pas coupable.

Le Hollandais est recommandé à la sœur de Thompson, Madame James H. Douglas, qui a décidé, devant les résultats négatifs de la police, d'avoir recours à des méthodes de recherches moins conventionnelles. Ils entrent en contact par l'intermédiaire d'amis communs et définissent alors les clauses du contrat. Le 19 avril, Hurkos s'envole pour l'Extrême-Orient, accompagné d'une jeune femme, Stephany Farb, qui se fait souvent appeler Stephany Courtney, et qui lui sert de secrétaire et d'assistante. Malgré sa stature et sa solidité, Hurkos semble en effet avoir besoin d'être secondé dans les petits détails de la vie quotidienne. L'authenticité du personnage est fortement remise en question par plusieurs personnes à Bangkok qui pensent qu'Hurkos exagère largement ses pouvoirs. Il lui reste cependant le soutien de Stephany Farb, persuadée de la véracité de son discours.

Ils s'arrêtent d'abord brièvement à Hong-Kong où, selon Stephany Farb, «Hurkos tente d'éviter la presse et manifeste le désir de se rendre à la frontière entre la Chine communiste et Hong-Kong.» Personne à ce moment-là ne sait qu'il doit se rendre à Bangkok, mis à part les Douglas et deux ou trois autres personnes (à qui l'on a demandé la plus grande discrétion), et le danger que peut représenter la presse est par conséquent minime. Il a donc peut-être comme seul but de trouver à la frontière d'éventuels éléments concernant Thompson. Si telle est son intention, c'est un échec : Hurkos déclare qu'il n'y a trouvé aucun indice sur la disparition de l'Américain.

Ils débarquent à Bangkok tôt le matin du 21 avril et se rendent directement à leur hôtel, où ils retrouvent l'ami de Thompson, Dean Frasche, ainsi que l'assistant du général Black, le lieutenant Horgan. Lors de leur réunion, Frasche met Hurkos au courant de toutes les hypothèses échafaudées pour éclairer le mystère. Il lui décrit aussi les positions politiques de Thompson lors de son arrivée en Thaïlande, et prononce le nom de Pridi Panyomyong, l'ancien Premier ministre qui a, pense-t-on, pris sa retraite en Chine communiste. Hurkos suggère alors que Thompson a été enlevé par des malfaiteurs qui le retiennent au nord de la frontière entre la Thaïlande et la Malaisie. Il a déjà eu ce sentiment alors qu'il étudiait une carte de la région à Los Angeles, mais il dit avoir besoin de se rendre aux Cameron Highlands pour confirmer cette «impression». Stephany Farb ne mentionnera à aucun moment dans son rapport cette «impression californienne», pas plus que l'évocation par Frasche des idées politiques de Thompson.

À Bangkok, le principal objectif d'Hurkos est de visiter la maison de Thompson où les vibrations sont censées être les plus fortes. De plus, il souhaite rencontrer certains des associés du disparu. Une fois sur place, il a, selon sa secrétaire, plusieurs visions. Celles-ci semblent cependant être beaucoup moins précises que celles survenues lors de l'affaire de Boston. Stephany Farb rapporte ainsi ses propos : «Je vois que le général Black a dormi ici... [affirmait-il en désignant le lit de la chambre d'amis]... Sukarno est venu ici... il se tint ici de nombreuses réunions auxquelles assistèrent des personnes importantes... [Hurkos se trouvait alors dans la salle à manger]... Thompson jouait avec le feu, il s'est associé aux mauvaises personnes... il ne se rendait pas compte de ce qu'il faisait... [Hurkos continua ensuite de déambuler dans la maison, sans rien ajouter de plus].»

Le général Black rendit en effet plusieurs fois visite à Thompson et il n'y a donc rien de surprenant dans l'«impression» d'Hurkos à son sujet. En revanche, la visite de Sukarno est à vérifier et on fait donc appel aux souvenirs de Sheffield. Celui-ci rappelle que le président indonésien visita la maison alors que Thompson était en voyage. Sheffield le reçut en personne après avoir été «réquisitionné» officiellement. Cependant, il est intéressant de savoir que Sukarno n'entra pas dans la maison ; il prit seulement un bateau depuis le jardin de la villa de Thompson pour traverser le *klong* et rendre visite aux tisserands musulmans. De plus, la chambre d'amis où Hurkos «sentit» la présence de Sukarno ne fut ajoutée à la maison que plusieurs années après le passage de l'homme d'État indonésien.

Le départ d'Hurkos pour la Malaisie est fixé pour le 23. Entre temps, il rend visite à de nombreuses personnes à Bangkok. Il s'entretient avec Sheffield à la Thai Silk Company ; il rencontre le colonel Bond, chef du personnel du bataillon américain d'Assistance militaire, et l'un des amis de Thompson ; il se déplace jusqu'à Korat pour y retrouver le général Black qui ne pouvait pas quitter ses quartiers généraux ; il prend rendez-vous avec Norman Hannah, député de mission à l'ambassade américaine, remplaçant l'ambassadeur Graham Martin alors en voyage d'affaires à Washington. Hurkos fait une démonstration de ses pouvoirs surnaturels à certains d'entre eux, et notamment au colonel Bond. Il se trouve dans le bureau de celui-ci lorsqu'on lui tend un instantané appartenant au lieutenant Horgan ; sans même y jeter un coup d'œil, Hurkos donne une foule de détails sur la personne photographiée : le lieutenant confirme les treize éléments avancés. Il fait de même avec le général Black et Norman Hannah qui constatent tous deux qu'une partie du discours d'Hurkos était vrai. Tout comme à Boston, il veut faire ses preuves. Cependant, le doute persiste dans certains esprits, et cette réticence va augmenter au fur et à mesure du déploiement de ses méthodes.

Le géneral Black autorise le lieutenant Horgan à accompagner Hurkos et sa secrétaire aux Cameron Highlands, dans un cadre plus privé qu'officiel. Hurkos accepte de prendre à ses frais le billet d'avion du lieutenant. Ils se posent à Kuala Lumpur, où ils prennent un taxi pour monter sur le lieu du drame. Tout comme Thompson et Connie Mangskau, cinq semaines auparavant, ils ont à changer de voiture à Tapah, puis arrivent aux Highlands à la nuit tombée et se rendent directement au *Cameron Highlands Hotel*.

Le jour suivant marque une étape importante dans l'établissement de la légende Thompson ; il s'agit peut-être de l'événement le plus décisif depuis l'après-midi de sa disparition. On peut en effet affirmer que la seconde légende Thompson ne prit son essor qu'à partir de ce jour précis. L'entrée en scène d'Hurkos met un point final à de nombreuses spéculations et, depuis, le mystère est aussi épais, aussi impénétrable désormais que la jungle des Highlands.

Il faut se souvenir qu'Hurkos, aux dires de Stephany Farb, refuse tout «contact» avec l'opinion publique et tient à ce que sa mission en Asie du Sud-Est reste secrète. Si telle est réellement son intention, son attitude reste inexplicable : plutôt que de s'adresser aux autorités locales pour obtenir l'assurance d'une discrétion totale lors de leurs investigations, tous trois se dirigent dès la première heure vers *Moonlight Cottage*, où Hurkos va donner une représentation devant leur chauffeur de taxi, les domestiques de la maison et trois soldats malais qui ont établi ici leurs quartiers généraux (un nouveau groupe de chercheurs a en effet été lancé dans la jungle). Ainsi, ses révélations sensationnelles ne resteront secrètes qu'un moment ; rapidement, elles se répandront dans la vallée.

Le Hollandais entreprend un tour fébrile de la maison et du jardin, à la recherche d'une «impression». Finalement, il s'assied sur la terrasse, muni d'une photographie de Thompson confiée à Bangkok, de cartes des environs et du reste de l'Asie. Il pose sa main gauche sur les cartes et la droite sur la photographie du disparu. Visage tendu, il commence à se concentrer, et une certaine appréhension s'empare de l'assistance. Soudain, semblant avoir perdu tout contrôle, il se met à parler. La secrétaire déclenche alors un magnétophone portable, dont voici la transcription :

«Il était assis dans la chaise longue... ici... il n'était pas assis dans la maison... la chaise était sur la terrasse... ag, Prebi, oogh... Thompson... Prebi, Pridi... quatorze personnes... quatorze personnes l'ont capturé... Prebe ou Bebe... ora blunda Bebe... il n'est pas dans la jungle... je veux suivre la route par laquelle ils l'ont enlevé... il était assis juste ici... cette chaise... il n'y avait personne près de lui, tout le monde était en haut... il n'y avait personne dans le salon... ils étaient à l'étage... il était assis à l'extérieur, sur cette chaise... cette chaise... pas dans la jungle... une voiture... quatorze personnes... un véhicule ressemblant aux véhicules militaires... comme un camion... ah, un camion à peu près là-bas sur la route... il descend la route... quelqu'un le réveille... il était assis à l'extérieur et quelqu'un est entré... l'un de ses amis... Bebe ou Prebie... Pridi a sa propre armée... pas des bandits... rien à voir avec des bandits... il marche exactement huit cents mètres avec son ami Bebe ou Prebie... un camion sur la route... un camion sur la route... quatorze personnes... une personne qu'il connaît l'entraîne... il était assis sur la terrasse quand les hommes sont entrés... ils lui ont demandé quelque chose, je ne sais pas quoi... il descend la route... on lui a donné de la morphine... de la morphine... a dormi dans le camion...»

Il cesse brusquement de parler, l'air épuisé. Il est important de noter les divergences qui existe entre le rapport de Stephany Farb et celui du lieutenant Horgan : ce dernier ne mentionne à aucun moment le nom de Pridi, ce qui semble assez curieux dans la mesure où il est certainement le mieux placé pour mesurer l'importance de ce détail. Il note cependant qu'Hurkos prononce le nom de «Prebie».

La secrétaire glisse sans doute inconsciemment le nom de l'ancien Premier ministre dans son rapport, sachant très certainement de qui il s'agit.

Après un peu de repos, Hurkos clarifie ses "impressions", à partir desquelles il bâtit une histoire étonnamment cohérente :

«Thompson s'est installé sur la terrasse vers quinze heures ; c'est alors qu'apparaît un homme en civil, Bebe. Il a entre trente-deux et trente-cinq ans, les cheveux noirs et des traits orientaux. Thompson le connaît. Les deux hommes descendent la route ensemble, et après avoir marché environ huit cents mètres, l'homme injecte une dose de morphine, ou peut-être de chloroforme, à Thompson. Un camion attend un peu plus loin, chargé de treize hommes tous en tenue militaire. Le camion a été maquillé, de façon à ressembler à un véhicule militaire. Malgré leurs uniformes, les hommes ne font pas partie de l'armée malaise. Ce sont des communistes. Le conducteur du camion se nomme Hassan. Je ne sais pas qui est «Prebie» ni quel est son rôle dans l'enlèvement ; ce nom s'est imposé à mon esprit. Après avoir fait monter Thompson dans le camion, ils l'emmènent à l'étranger, en avion.»

Hurkos semblant alors être à cours d'"impressions", on demande à Mohammed, le cuisinier des Ling, de préparer du café. L'assemblée attend la suite du récit, sans oser le moindre commentaire.

Alors qu'ils ont tous une tasse de café à la main, subitement Hurkos se lève, se dirige vivement vers les cartes et, en en désignant une, il s'écrie : «Ici ! C'est ici qu'il se trouve aujourd'hui ! Au Cambodge ! C'est là. J'en donnerais ma main à couper.»

Si Stephany Farb, le chauffeur de taxi, Mohammed et les trois soldats ne saisissent pas toute la portée d'une telle révélation, le lieutenant Horgan, quant à lui, s'alarme d'une telle supposition. Le Cambodge est un pays neutre selon les dires répétés et exaltés de son Premier ministre, le prince Norodom Sihanouk. Ce pays n'entretient aucune relation diplomatique avec les États-Unis et encore moins avec la Thaïlande, son ennemi de longue date ; il reproche en effet à l'Amérique de s'intéresser d'un peu trop près à ses affaires intérieures. Accuser publiquement le Cambodge de retenir un riche Américain est une affaire grave, d'autant plus que ces allégations ne reposeraient que sur les «visions» d'un médium hollandais tranquillement assis sur une terrasse en Malaisie. On peut affirmer sans équivoque que Madame Douglas, dont le mari a eu un rôle important dans l'administration Eisenhower, ne peut être à l'origine de tels propos. En effet, Monsieur Douglas ne fait plus partie du gouvernement, mais le couple continue d'avoir des amis proches dans les «hautes sphères» de la société.

Le lieutenant Horgan décide de faire cesser-là cette représentation et propose à Hurkos de suivre le chemin éventuellement emprunté par Thompson pour tenter de dénicher de nouveaux indices. Les Malais, intrigués par ce *bomoh* occidental, les accompagnent, curieux de voir s'il fera de nouvelles découvertes. Ils ont déjà passé plus d'un mois sur l'affaire et celle-ci demeure le principal sujet des conversations aux Highlands.

Tous s'attendent à voir Hurkos s'arrêter devant le rocher où la cuisinière de la mission luthérienne disait avoir vu Thompson s'asseoir un instant, le jour de sa disparition ; mais le médium ignore rocher et cuisinière. Il stoppe en revanche presque au sommet de la colline, là où la route du golf rejoint celle qui mène à *Moonlight Cottage*. C'est ici que le camion et les treize soldats ont attendu, soupire-t-il. Thompson a été espionné pendant trois jours, lâche-t-il, avant que les ravisseurs ne saisissent l'occasion d'agir ; ils l'ont suivi la veille du jour de Pâques, alors qu'il est allé se promener dans la jungle avec une femme, termine-t-il. Or jamais il n'a été question de promenade cet après-midi-là, ni avec une femme, ni avec un homme : les Ling, Connie Mangskau et Thompson s'étaient tous accordés une sieste.

Hurkos explique ensuite que le camion a tourné à droite, puis a contourné le terrain de golf pour rejoindre la route principale qui traverse Tanah Rata et descend le plateau des Highlands. Cette information surprend les trois soldats malais qui soutiennent qu'il n'y a aucune route à cet endroit. Le Hollandais insiste et une inspection des lieux lui donne raison : la route existe vraiment et son itinéraire est bien celui décrit par Hurkos.

Chapitre 8

Malgré sa matinée bien remplie, Hurkos tient absolument à poursuivre les recherches. Il souhaite plonger dans la jungle pour y rencontrer Richard Noone, un Anglais, arrivé quelques jours auparavant, envoyé par la Thai Silk Company, et dont les découvertes — qui vont se révéler bien plus importantes que celles d'Hurkos sur de nombreux points — doivent être examinées. Noone se trouve à ce moment-là dans un camp établi non loin de *Moonlight Cottage*, et les soldats de la maison font partie de son équipe.

Avant son départ, Hurkos croise un correspondant local du *Straits-Times* malais dans le couloir du *Cameron Highlands Hotel*, où il a déjeuné avec Stephany Farb et le lieutenant Horgan, qui lui adresse ses félicitations. Manifestement, quelqu'un a parlé, et Chou Chuan Sheng, le journaliste, est assez perspicace pour mesurer la valeur de l'information. Hurkos refuse néanmoins de faire une déclaration à la presse. Cela s'avère totalement inutile : lorsqu'il revient de la jungle après une courte entrevue avec Noone, le rusé Chou Chuan Sheng a réussi à savoir tout ce qui a été dit le matin même à *Moonlight Cottage*, et annonce qu'il était prêt à envoyer ces nouvelles à son journal qui les publiera le lendemain.

Mis devant le fait accompli, le lieutenant Horgan essaye de raisonner le journaliste. Mais s'il ne réussit pas à le convaincre de passer sous silence la visite d'Hurkos et ses «impressions», il obtient que les noms cités ne soient pas dévoilés ni, à son grand soulagement, la direction qu'auraient prise les ravisseurs. Il est probable que les arguments avancés par le lieutenant sont moins persuasifs que la démonstration éblouissante effectuée par Hurkos pour prouver ses pouvoirs ; d'après une photographie que lui propose le journaliste, le médium lui fournit une foule d'informations sur son passé, allant même jusqu'à mentionner une opération subie par sa femme.

Cette magistrale séance n'a pas pour seul effet de lever les derniers doutes du journaliste, elle le persuade aussi de retarder la publication de cette histoire, jusqu'à ce qu'Hurkos quitte les Highlands. Quelques semaines plus tard, après la parution de la première version, il écrira un second article pour convaincre ses lecteurs de la véracité des affirmations du Hollandais ; dans l'esprit de Chou Chuan Sheng, un homme qui accomplit de tels miracles avec une simple photographie ne peut être qu'infaillible.

D'autres sont plus méfiants. Le lieutenant Horgan, par exemple, n'est pas du tout d'avis qu'Hurkos se rende au Cambodge, comme il le souhaite, pour tenter de retrouver Thompson à l'endroit qu'il a indiqué sur la carte. Il propose de consulter le général Black à Bangkok, ainsi que l'ambassade américaine, avant de s'embarquer vers un pays pour lequel il est extrêmement difficile d'obtenir un visa, et où, en tant que militaire américain, il risque de ne pas être très bien accueilli. Ils se rendent donc à Kuala Lumpur, où ils passent une nuit, puis rentrent en Thaïlande où ils séjournent une dizaine de jours.

Ces journées sont émaillées de longues et confuses discussions. À l'aide de plusieurs cartes, Hurkos affine sa vision des faits, précisant les moyens de transport empruntés par Thompson de Malaisie au Cambodge, et indique dans quelle ville il se trouve retenu (un endroit sur la route qui mène de Pnom Penh à Angkor Vat). L'identité du mystérieux Prebie donne lieu à des conversations interminables, bien que cette question soit en elle-même un problème mineur. Le nom de Pridi est fréquemment cité à Bangkok comme un élément pouvant éclairer l'affaire. Hurkos définit «Prebie» comme le chef du complot, et déclare qu'il vit en Chine. On devine qui se cache sous ce nom, mais les résistances des officiels sont encore trop grandes pour qu'il soit ouvertement formulé. Stephany Farb, ne négligeant aucun effort pour être utile, fait remarquer fort intelligemment qu'avec son accent hollandais, Hurkos interchange les *b* et les *d*, et qu'il est probable que sous le nom de Prebie, il désigne Pridi.

La situation devient extrêmement délicate : les haines autour du nom de Pridi ne se sont pas atténuées depuis sa tentative avortée de coup d'État en 1949. Bien au contraire, elles semblent s'être raffermies : à Bangkok, on le soupçonne d'être le chef du mouvement d'insurrection communiste du nord-est. Les Américains avec lesquels Hurkos est en contact à Bangkok font peut-être preuve d'une grande sagesse lorsqu'ils décident de passer outre ce problème, et s'attachent à résoudre une autre question tout aussi épineuse, celle du refus ou de l'accord de départ d'Hurkos pour le Cambodge. La réponse repose évidemment sur le crédit qu'on accorde à ses propos — c'est à dire à ses pouvoirs — et c'est à ce moment que les clivages s'intensifient, plus particulièrement à l'ambassade. Il n'y a pas lieu d'entrer dans les détails de ces disputes, sans doute les premières du genre à l'ambassade, qui révèlent cependant que les enquêteurs asiatiques ne sont pas les seuls à s'en remettre aux pouvoirs des médiums ; il suffit, pour confirmer ce point, de prendre en compte les nombreux câbles qui sont envoyés entre Bangkok et les États-Unis, les diverses tentatives pour entrer en contact avec Pnom Penh, au cas où la demande d'Hurkos serait acceptée, et les prises de position controversées concernant cette entreprise.

Pendant ce temps, Hurkos développe ses hypothèses et profite de l'hospitalité d'une Américaine, résidente de longue date en Thaïlande. Partageant son enthousiasme pour les phénomènes surnaturels, elle s'est empressée d'entrer en contact avec lui. Le 4 mai, on est informé que les Douglas, après avoir consulté Washington, ont pris la décision de refuser à Hurkos le voyage au Cambodge. En d'autres termes, sa mission est terminée.

Hurkos se montre très déçu, et annonce son départ de Bangkok pour le lendemain. Une fois rentré aux États-Unis, dit-il, il espère persuader les personnes concernées d'accepter son point de vue — s'il échoue avec la famille de Thompson, il s'adressera directement au président Johnson. Ces tentatives tourneront court, l'une comme l'autre.

Il rencontre cependant avant son départ l'un des médiums locaux qui ont travaillé sur l'affaire, un moine bouddhiste, nommé Keo, dont les talents de voyance sont réputés. Il est tenu en estime par certains hommes d'affaires thaïlandais travaillant dans l'industrie minière, qui ne prennent aucune décision importante sans l'avoir préalablement consulté. Keo a lui aussi émis des hypothèses d'ordre politique pour expliquer la disparition de Thompson. Une rencontre entre Hurkos et le moine est organisée afin qu'ils échangent leurs points de vue : ils ont une conversation de quarante-cinq minutes dans le quartier général de Keo, au sud de Bangkok.

On pouvait supposer qu'un entretien entre médiums rivaux engendre une certaine tension, mais les deux hommes s'entendent parfaitement et échangent, par le biais d'un interprète, des idées remarquablement similaires. Leurs opinions sur l'affaire divergent sur les détails plus que sur le fond, le moine a franchi un pas de plus qu'Hurkos ; il apporte un argument supplémentaire pour souligner la thèse de l'enlèvement, auquel son interlocuteur n'a pas pensé. (Plus tard, Hurkos jouera sur cette omission.) Keo rétorque que Thompson a été enlevé par quatre hommes et non pas par treize, par bâteau et non pas par avion, reconnaissant néanmoins que la destination est bien le Cambodge. Il pense que cette disparition est liée à la guerre du Vietnam et que, bien qu'il ne soit pas parti volontairement, Thompson y participe désormais avec enthousiasme. Le 15 juin, ses amis de Bangkok auront enfin de ses nouvelles, et il y aura probablement un cessez-le-feu provisoire au Vietnam fin octobre ou début novembre grâce à l'action que Thompson mène là-bas.

Hurkos ne fait aucun commentaire sur ces théories, mais il s'en souviendra comme on le verra plus tard lorsqu'il donnera ses propres explications sur l'affaire. Ils consultent tous deux plusieurs cartes et s'aperçoivent qu'ils localisent Thompson dans la même région du Cambodge ; de plus, ils s'accordent sur l'itinéraire emprunté par les ravisseurs. Tout bien considéré, c'est une réunion extrêmement fructueuse entre l'Est et l'Ouest.

Hurkos et Stephany Farb quittent Bangkok le 5 mai, sans pourtant avoir dit leur dernier mot.

Chapitre 9

Quel regard porter sur ces curieux événements ? Hurkos était-il un charlatan en mal de publicité ? Avait-il de réels pouvoirs de voyance, et si tel est le cas, avait-t-il dit toute la vérité au sujet de la disparition de Thompson ?

Ces questions méritent que l'on s'y attarde à cause de la grande influence que les propos d'Hurkos eurent sur la légende de Thompson. Il est cependant nécessaire de préciser qu'aucune des explications qui furent avancées ne peut être considérée comme définitive.

Les opinions à propos d'Hurkos étaient loin d'être unanimes, et continuent aujourd'hui encore de diverger — bien que ses détracteurs soient sans doute plus nombreux de nos jours — probablement parce que rien n'est venu confirmer ses "visions". Sur le moment, le Hollandais recueillit néanmoins de nombreux suffrages. Cela n'avait rien d'exceptionnel de la part des Thaïlandais et des Malais, ils ne furent pas les seuls défenseurs d'Hurkos. Quelques *farang* voyaient en lui un homme digne de confiance, et d'autres admettaient, peut-être avec une certaine réticence, qu'il «avait sans doute quelque chose» — affirmation vague qui pouvait avoir bien des significations. Les fervents d'Hurkos se souvinrent qu'on avait scientifiquement prouvé qu'il existait effectivement des gens capables de «voir» grâce à leurs mains, on cita notamment celui d'une écolière russe qui avait réussi à énumérer le contenu d'un coffre-fort fermé simplement en posant ses mains dessus.

On se rappela également des témoignages concernant certains individus doués de ce que l'on appelle la perception extra-sensorielle : ce genre de pouvoir pouvait expliquer au moins partiellement les expériences d'Hurkos. Cependant, la majorité de l'opinion publique eut du mal à admettre qu'il pouvait «voir» ce qui s'était passé à *Moonlight Cottage* cinq semaines plus tôt.

Il y avait alors — et il y a encore — certaines personnes qui ne reconnaissaient à Hurkos rien d'autre qu'un sens aigu de la publicité, et le flou dont il avait initialement fait preuve les conforta dans leur jugement. Ces gens-là ne furent pas du tout impressionnés par les «charlataneries» qu'il mettait en scène pour influencer les sceptiques ; une douzaine de magiciens de bazar pouvaient faire la même chose, affirmaient-ils : ce n'était pas parce que les profanes ne comprenaient pas ses tours qu'ils étaient inexplicables. Personne ne sait exactement de quelle façon Houdini parvenait à sortir de toutes ses boîtes fermées à clef, mais l'acte ne relevait pas pour autant du miracle. De plus, on trouvait un peu simpliste les explications du Hollandais. Ses détracteurs affirmaient qu'il avait simplement relevé quelques noms entendus çà et là dans les conversations — l'association Prebie-Pridi était l'exemple le plus fréquemment cité — et les avait intégrés à une histoire inventée de toutes pièces, grâce au souvenir sans doute de quelques films d'espionnage ; on prétendit même qu'il avait choisi le Cambodge comme lieu de destination parce qu'il savait que l'autorisation de s'y rendre lui serait vraisemblablement refusée. Si elle lui avait été accordée, il aurait sans doute eu cette réponse toute prête que l'on avait déjà si souvent entendue aux Highlands, lorsqu'il s'avérait que ni les grottes ni les troncs d'arbre creux n'abritaient le disparu : Thompson avait été «amené» ailleurs, par les communistes, dans la version d'Hurkos, par les esprits dans celle des *bomoh*.

Comme il a déjà été dit, il est impossible de savoir où est la vérité, en partie parce que personne ne se rendit au Cambodge pour vérifier les «mensonges» d'Hurkos, si mensonges il y eut. Il est toutefois plus facile de cerner la personnalité d'Hurkos en examinant ce qui s'est passé quatre mois plus tard.

On peut porter deux jugements sur sa visite. D'abord, sa démonstration à Bangkok et en Malaisie ne fut pas aussi éblouissante que celle de Boston, où il avait réussi à séduire la police. Lors de cette affaire, il ne s'était pas contenté d'identifier l'assassin mais avait fourni de multiples détails sur sa personnalité, ses motivations et ses habitudes ; il avait également apporté des renseignements précis à propos des meurtres commis. Dans le cas de Thompson, il est resté très vague au sujet des ravisseurs et de leurs mobiles, ainsi que sur Thompson lui-même. On ne peut apparemment pas attribuer ces omissions et ces négligences à des difficultés d'expression puisque lors de sa seconde et brève tentative d'intervention dans l'affaire, Hurkos affirma qu'il parlait couramment malais et chinois, bien qu'il n'ait donné aucun signe de tels talents linguistiques durant son séjour en Asie.

Il faut d'autre part souligner que, volontairement ou non, il a ouvert la porte aux théories de conspirations politiques qui depuis occupent la place centrale, aussi bien officiellement qu'en cercle privé. En introduisant le nom de Pridi dans la controverse et en indiquant que les ravisseurs étaient communistes, Hurkos a fait naître toutes sortes d'idées. Quasi toutes les thèses politiques qui ont succédé à la sienne — dont, paradoxalement, celles des incrédules n'accordant aucun crédit à ses propos — se sont nourries de détails qu'il a donnés et lui ont emprunté cette façon d'aboutir à des conclusions, impossibles à prouver comme à démentir. L'un des hommes proches de l'affaire (et, inutile de le préciser, fervent admirateur du Hollandais) est convaincu que si Hurkos n'y avait pas participé, la plupart des théories qui ont suivi n'auraient jamais vu le jour ou n'auraient jamais été prises au sérieux. «Il a troublé les eaux», disait-il, «et désormais nous n'en verrons plus jamais le fond.»

Chapitre 10

Comme on peut s'y attendre, la thèse d'Hurkos ne satisfait guère les officiels ; l'ambassade américaine à Bangkok n'approuve ni ses méthodes, ni ses conclusions. Ils sont légèrement embarrassés d'avoir à prendre en compte les paroles d'un médium, si célèbre soit-il, et son départ soulage visiblement tout le monde.

Richard Noone est, en revanche, un expert d'un genre fort

différent, et beaucoup plus au goût des officiels américains.

En 1967, Noone est membre du bureau de planification à la S.E.A.T.O (Southeast Asia Treaty Organisation), dont les quartiers généraux se trouvent alors à Bangkok. Bien qu'il n'ait jamais rencontré Thompson, son opinion sur l'affaire semble pour diverses raisons digne de crédit. Diplômé de Cambridge où il a étudié l'anthropologie, il se trouvait à Johore dans une division australienne lorsque les Japonais ont envahi la Malaisie, et a réussi à fuir à temps. Il est retourné en Malaisie en 1952, pour y rejoindre le général Gerald Templer qui dirigeait le combat contre les insurgés communistes. Noone a été conseiller au Département des aborigènes pendant neuf ans, durant lesquels il a organisé un régiment destiné à l'élimination des terroristes. Il a passé la plupart de son temps dans la jungle où Thompson a disparu, et est devenu très proche des tribus qui connaissent le mieux cet environnement, a priori hostile.

Noone a par ailleurs vécu une histoire similaire à celle de Thompson, ayant également donné lieu à de nombreux commentaires et élucubrations. Son frère aîné, Pat, était avant la guerre conservateur du musée local de Taiping, dans l'État du Perak, à la frontière des Highlands. Lorsque la guerre a éclaté en 1941, Pat Noone était déjà une figure de légende en Malaisie, un Irlandais brillant connaissant la jungle comme sa poche ; y disparaissant parfois pour une durée indéterminée, et ressurgissant lorsque ses proches commencent à s'inquiéter. Brillant anthropologue, il s'est intéressé plus particulièrement à une tribu aborigène connue sous le nom de Temer, qui le considérait un peu comme un père spirituel, peut-être même comme un dieu. Son mariage avec une femme Temer lui a permis de mieux comprendre ce peuple primitif et farouche qui le fascinait, et qui a donné à sa vie un tournant décisif.

Lorsque les Japonais ont entrepris l'invasion de la péninsule malaise, en décembre 1941, Pat Noone est resté à l'arrière et s'est évanoui dans la jungle pour organiser des unités de résistance, sans doute avec l'aide des Temer et d'autres tribus aborigènes. On ne l'a jamais revu. En 1942, un autre anglais, F. Spencer Chapman, qui a également réussi à échapper à l'ennemi et participé à la résistance, a effectué un long et pénible voyage à travers le pays pour retrouver Noone et lutter à ses côtés. Il est parvenu à retrouver les Temer, mais ils ont refusé de lui donner des informations sur l'anthropologue — non pas parce qu'ils ne savaient rien, mais manifestement parce qu'ils se refusaient à lui dévoiler les dessous du mystère.

Après la guerre, entre la fin des années quarante et le début des années cinquante, des rumeurs étranges circulaient en Malaisie. Elles prétendaient que Noone n'était pas mort pendant la guerre, et des rapports apparemment fiables le tenaient toujours pour vivant en 1949. Pendant les années 1948 et 1949, on a découvert un homme blanc faisant partie de l'une des organisations terroristes de la jungle, et certains ont pensé qu'il s'agissait de Pat Noone. En 1951, un soldat anglais nommé Tom Stacy a effectué un périple à travers la jungle, qu'il a raconté par la suite dans un livre (*Le Soleil hostile*). Il y décrit une cérémonie Temer dans laquelle Noone est invoqué tel un dieu. Stacy s'est laissé gagner par la fascination qu'inspirait la légende de Noone et a tenté de faire dire aux aborigènes ce qui lui était arrivé. Pour mettre toutes les chances de son côté, il a été jusqu'à affirmer qu'il était le fils de Noone, fruit d'un premier mariage ; mais les Temer sont restés évasifs. La seule information qu'il a obtenue lui est donnée par un officier anglais qui a été membre de la police malaise en 1948, et qui relatait qu'un guide aborigène l'a conduit jusqu'à une tombe censée être celle de Noone.

En 1952, lorsque Richard Noone est devenu conseiller au Département des aborigènes de Malaisie, il a décidé lui aussi d'essayer de savoir ce qu'il était advenu de son frère. Ses tentatives sont exposées dans l'ouvrage d'un Anglais, Dennis Holman, *Noone d'Ulu* ; le Noone du titre étant Pat, et *ulu* un mot malais désignant la jungle. Après bien des mois passés à errer à travers le pays et à gagner la confiance de ses habitants, Richard Noone a fini par découvrir quel avait été le sort de son frère — d'abord par des allusions voilées, puis par des témoignages qui lui ont paru dignes de foi. L'histoire est tragique : Pat Noone, aux dires des aborigènes, fut assassiné pendant la guerre par un homme de la tribu, son meilleur et plus cher ami. Le meurtrier abattit sa victime avec trois flèches empoisonnées, avant de l'achever à l'aide d'un *parang*, ces coûteaux tranchants que portent la plupart des autochtones. La disparition de la belle épouse de Noone après l'assassinat incite à penser qu'elle en fut l'enjeu. Les Temer enterrèrent le corps après les cérémonies d'usage et décidèrent, comme le racontera l'un d'eux quelques années plus tard, qu'«un silence total serait observé au sujet de cette histoire».

Noone est présenté à Sheffield par un membre de l'ambassade américaine, qui suppose que l'avis de cet expert anglais peut aiguiller les recherches. L'objectif principal de Noone n'est pas tant de retrouver Thompson, tous les moyens possibles ayant déjà été mis en œuvre, que d'entrer en contact avec les aborigènes. S'ils savent, comme certains le supposent, quelque chose qu'ils craignent de divulguer à la police, peut-être le dévoileraient-ils à Noone, au même titre qu'ils lui ont avoué la mort de son frère. Sheffield accepte, et la Silk Company prend en charge le voyage de Noone pour les Highlands, peu de temps avant qu'Hurkos n'intervienne.

Noone est reçu à *Moonlight Cottage* où deux de ses anciens assistants le rejoignent. L'un d'eux vient de Sabah, ville du nord de Bornéo, l'autre est un b*omoh* aborigène qui s'appelle Toh Pawang Angah Sidak. Noone explique, qu'en 1960, le *bomoh* a réussi à localiser dans la jungle le rescapé d'un accident d'avion et qu'il a également aidé à la découverte d'une route secrète à Pahang par laquelle un groupe de communistes a échappé à la police. On affirme que Noone a eu cette phrase : «Toh Pawang a fait preuve d'une telle précision lors de ces deux affaires que je le considère désormais comme un associé absolument indispensable.»

Noone et ses deux compagnons ne restent que trente-six heures dans la jungle des Highlands. Ils la fouillent plus profondément que ne l'ont fait les forces de police, et s'entretiennent avec un grand nombre d'aborigènes. Les pouvoirs de Toh Pawang ne s'avèrent pas très utiles, cependant Noone l'encourage à se prononcer avec fermeté. «Je suis entièrement convaincu, déclare-t-il alors, que Monsieur Thompon n'est pas dans la jungle.»

Bien que l'on puisse se demander comment il aboutit à une

telle conclusion en si peu de temps, personne ne peut mettre en doute son intégrité. Les objections que l'on est en droit de formuler à propos d'Hurkos ne sont pas de mises ici. Il ne touche pas d'argent en dehors du remboursement de ses dépenses, et n'a probablement besoin d'aucune publicité autour de son nom; de plus, il connaît parfaitement les jungles de Malaisie. Ses conclusions, que personne ne remet en question, ont d'emblée plus de poids que celles du Hollandais. Si Hurkos fournit aux imaginations exaltées la matière dont elles ont besoin, la certitude de Noone que Thompson ne se trouve pas dans la jungle est déterminante pour les observateurs plus modérés, qui abandonnent alors la théorie de l'accident. Lors de son retour en Thaïlande, la thèse de l'enlèvement a gagné du terrain.

Chapitre 11

L'été 1967 est ponctué par de fausses alarmes, des visions et des faits inexplicables ou du moins très troublants.

C'est sans doute par ce dernier adjectif qu'il convient de qualifier la curieuse histoire d'Edward Pollitz. Ce dernier est l'homme d'affaires avec lequel Thompson devait dîner le soir où il était censé quitter les Highlands pour Singapour. Ils n'entretenaient que des relations professionnelles mais se sont rencontrés plusieurs fois, et Thompson l'avait reçu lors de ses visites à Bangkok ; Pollitz est donc certain de pouvoir reconnaître Thompson s'il le rencontre, et c'est exactement, selon lui, ce qui se passe à Tahiti deux mois après la disparition.

Le 27 mai, raconte-t-il, alors qu'il se trouve dans le bureau du directeur de l'Hotel Tahiti à Papeete, jetant distraitement un coup d'œil à la fenêtre, il voit, à sa grande surprise, Thompson sortir de l'hôtel. Il l'interpelle et court à sa rencontre, mais il n'a que le temps de l'apercevoir monter en voiture avec une femme aux cheveux grisonnants. Il est suffisamment sûr de ne pas s'être trompé pour contacter le directeur local de Pan America, et commence à mener son enquête autour de l'île. Il n'y a aucune trace de Thompson, mais on ne réussit pas davantage à identifier l'homme entrevu par Pollitz.

Il relate l'étrange incident à la famille de Thompson, qui se borne à le considérer comme une simple méprise ; après tout, Pollitz pense certainement beaucoup à Thompson à cette époque, et le disparu ne porte pas de signe distinctif permettant de le reconnaître avec certitude. Pollitz admet la possibilité d'une erreur ; mais six mois plus tard, il se dit encore quasi certain de ne pas s'être trompé. Il est cependant incapable d'avancer une raison expliquant la présence de Thompson à Tahiti, ni pourquoi, en supposant qu'il se cache, l'Américain se soit installé dans l'hôtel le plus connu de l'île.

À la mi-mai, Noone tente à nouveau de résoudre le mystère, mais cette fois il se rend à Singapour, à Kuala Lumpur et à Ipoh au lieu d'aller fouiller la jungle des Cameron Highlands. En fait, il reprend les investigations entreprises lors de son premier voyage en Malaisie, fondées sur les propositions d'une mystérieuse femme eurasienne de Singapour que l'on nommera ici Florence Wong. Elle s'est déjà présentée, sans succès, à la municipalité de Singapour et s'intéresse à l'affaire Thompson depuis le début du mois d'avril. Elle a, à ce moment-là, expédié plusieurs câbles à Sheffield pour offrir son aide, prétendant n'être motivée que par «l'amour de Dieu et de la justice», tout en faisant discrètement comprendre qu'une éventuelle récompense serait «très appréciée». La façon dont elle se propose d'éclaircir l'affaire restant néanmoins très floue, Sheffield demande à Noone de la rencontrer. Durant cette première entrevue, elle laisse entendre qu'elle a des amis qui détiennent peut-être certaines informations. Elle désire tout particulièrement s'entretenir avec le général Black, dont les journaux ont beaucoup parlé. Ce dernier n'est pas disponible à ce moment-là, une nouvelle rencontre est donc convenue avec Noone qui a carte blanche pour prendre toutes les décisions qu'il juge nécessaires.

Florence Wong est une femme aux formes généreuses, qui vit dans les quartiers pauvres, entourée d'une foule de chats et de chiens. Elle évolue au milieu d'un cercle de connaissances assez hétéroclites, dont, quelques proxénètes qui fournissent des filles aux équipages des bateaux norvégiens accostant à Singapour. Ces relations lui ont appris que Thompson a été amené à Hong-Kong à bord d'un navire norvégien pour des raisons qu'elle ne connaît pas encore. Elle brûle d'envie de dévoiler ces informations, espèrant quelque générosité en récompense de ses effort.

Noone écoute son étrange histoire, et s'engage à la soutenir dans ses démarches. Finalement, rien n'est entrepris, en grande partie sur les conseils de la police malaise qui connaît bien Florence Wong et considère ses propos avec beaucoup de méfiance. La police la somme de transmettre ses informations aux autorités chargées de l'affaire : c'est alors qu'elle se retire de la scène, sans pour autant s'avouer vaincue. Comme tant d'autres personnages dans cette histoire, elle n'accepte pas d'être évincée et attend qu'une nouvelle occasion se présente pour réapparaître.

Pendant son séjour en Malaisie, Noone rencontre également Santokh Singh, l'officier de police qui s'est occupé de l'affaire à Ipoh. Cet homme est le premier Malais à avoir été reçu dans l'école de police du FBI, et s'est passionné pour la disparition deThompson. Il a ainsi été amené à se pencher sur des cas comme celui de Florence Wong, qui n'ont cependant fourni aucun indice digne d'intérêt. La version des cinq voitures aux plaques d'immatriculation thaïlandaises a été soigneusement examinée, puis rejetée : selon les douaniers, aucun véhicule répondant à ces descriptions n'est entré en Malaisie. Le garagiste malais a également été interrogé, et la police a abouti à la conclusion qu'il ne sait rien au sujet de Thompson. Le cadavre retrouvé dans un parc près de Kuala Lumpur le 15 mai n'est pas celui du disparu. En fait, toutes les hypothèses sont possibles, et le mystère reste aussi entier qu'au premier jour.

En mai, Madame Douglas et le frère aîné de Thompson, Henry, viennent passer quelques semaines à Bangkok et en Malaisie pour rencontrer ceux qui ont participé aux recherches. Peu avant leur départ d'Asie, ils organisent un dîner dans la célèbre demeure, n'invitant que les amis intimes de leur frère. C'était la première fois que ces gens sont conviés à revenir dans la maison, et plusieurs redoutent de se confronter à des lieux qui leur rappellent de cruels souvenirs ; l'une des veilles amies de Thompson décline l'invitation, se pensant incapable de subir un tel choc. Pourtant, la soirée n'est pas sinistre : le salon resplendissant de lumière et de couleurs n'a pas changé, et dans ce somptueux décor, la tragédie de la disparition semble irréelle. C'est comme si Thompson était parti pour l'un de ses voyages, comme s'il allait revenir bientôt parmi ses objets, et ses domestiques ne peuvent envisager de ne jamais le revoir.

En fait, au fur et à mesure que les mois passent, l'idée que Thompson est toujours en vie se renforce, encouragée par des rumeurs et des déclarations pleines d'espoir. Le 3 juillet, les gros titres des journaux de Bangkok et de Malaisie révèlent que les recherches se sont centrées désormais sur Hong-Kong, et malgré le flou extrême des articles, beaucoup de lecteurs s'imaginent qu'il s'agit-là d'une piste importante. La Thai Silk Company est assaillie de coups de téléphone d'amis anxieux, avides de précisions ; les employés doivent leur avouer que ce n'est qu'une médiocre information. La police malaise a envoyé les instructions d'usage à Interpol, l'organisation internationale de police, leur demandant de surveiller certaines villes avec une vigilance extrême. L'un des membres du personnel de la sécurité de l'hôtel Hilton de Hong-Kong a divulgué l'information à un journaliste. On peut cependant tirer des conclusions de cette information, si dérisoire soit-elle : si les Malais préviennent Interpol, ne faut-il pas en déduire qu'ils pensent que Thompson a quitté leur pays ?

Un envoyé spécial de l'*Observer* de Londres rédige un rapport livrant l'information suivante, presque uniquement fondée sur les rumeurs qui circulent à Bangkok :

«Beaucoup de gens affirment que Thompson jouait un rôle politique en Thaïlande, et que la soie n'était qu'une couverture d'agent secret. Mais d'autres restent fermement convaincus que sa présence à Bangkok embarrassait Washington parce qu'il avait abandonné son identité américaine au profit d'un engagement pour son pays d'adoption. De plus, tout le monde sait que sous l'occupation japonaise, Thompson avait eu de nombreux contacts avec les agents communistes.»

De tels propos circulent en effet, mais le journaliste néglige de préciser, comme bien d'autres de ses confrères, que ces arguments ne sont pas absolument vérifiés. Si Thompson était un agent de la CIA — ce que les sources officielles démentiront secrètement plusieurs fois à sa famille et à ses amis — l'information était des mieux gardées. Il est de même assez inconcevable d'affirmer que «sous l'occupation japonaise, Thompson avait eu de nombreux contacts avec les agents communistes», alors qu'il arriva en Thaïlande après la fin de la guerre. De plus, qu'entend l'auteur de l'article par «agent communiste» ?

L'un des articles parus dans l'édition asiatique (et non dans l'édition américaine) de *Life* est cause d'une plus grande agitation. Après avoir exposé la nature mystérieuse de l'affaire, le journaliste cite l'étonnante déclaration d'un homme qu'il présente comme «occupant une place importante dans le gouvernement», et dont la théorie est la suivante :

«Aujourd'hui, la propagande communiste tente de faire cesser les bombardements au Nord-Vietnam. Cette tâche ne peut évidemment pas être accomplie du jour au lendemain et nécessite un travail régulier et organisé. Maintenant, considérons le rôle de la Thaïlande dans la guerre. Beaucoup des bombardiers qui opèrent au nord du Vietnam sont originaires de ce pays. La présence des B-52 autorise désormais les États-Unis à doubler ou tripler leurs raids. Ces forces représentent aux yeux des communistes une grande menace, et un effort évident devrait être fait pour immobiliser les bases en Thaïlande.»

Considérons à présent Jim Thompson, si proche de la population thaïlandaise et tant admiré pour les emplois qu'il a fourni aux tisserands de soie. Si l'on pouvait capturer cet homme, lui faire subir un lavage de cerveau, l'amener éventuellement à jouer le rôle de déserteur, alors les communistes pourraient l'utiliser. Il serait, par exemple, à même de déclarer qu'il ne supporte pas ce qui se passe en Thaïlande, qu'il souhaiterait aider le peuple thaïlandais. Voilà un coup qui ressemble bien à ceux dont sont capables les communistes.

Hurkos a expliqué le comment de la disparition, on en connaît désormais le pourquoi, conforme aux impressions du moine Keo qui a senti que le mystère était lié d'une façon ou d'une autre à la guerre du Vietnam. Si concrètement l'affaire n'avance guère, les théories, en revanche, prennent de plus en plus cette tournure extravagante qui va construire les fondations de la seconde légende Thompson.

Chapitre 12

L'une des meilleures amies de Thompson, Elizabeth Lyons, arrive à Bangkok près de trois mois après la disparition de ce dernier. Elle s'installe chez lui et décide d'y donner un autre dîner. La maison a accueilli peu de personnes depuis la réception organisée par le frère et la sœur de Thompson, et Elisabeth Lyons pense ainsi redonner une certaine activité aux domestiques, abattus par la tranquillité inhabituelle des lieux.

Elle adresse ainsi des invitations aux amis de longue date du maître de maison et, respectant ses habitudes, fait installer la table sur la terrasse surplombant le *klong*. Le dîner aura lieu à la lumière des bougies. Alors que la présence des invités redonne au salon sa magnificence théâtrale d'antan, tous scrutent le canal où règne une étrange agitation. À leur grande surprise, ils découvrent que les passages en bois qui traversent les *klongs* fourmillent de gens saisis d'une espèce de frénésie, tandis que certains autres se collent aux fenêtres des maisons en bordure du canal pour assister au spectacle. Rapidement, une foule jacassante et bruyante scrute le salon de Thompson.

Elisabeth Lyons prie Yee, l'un des plus anciens domestiques de la maison, d'aller s'informer sur cette agitation. Selon elle, seule une catastrophe peut attirer si rapidement une telle foule. Lorsqu'il revient, il relate avec tristesse que les tisserands ont entendu dire que Thompson doit rentrer ce soir-là, et la présence des invités dans sa maison confirme à leurs yeux la rumeur de son retour.

Lorsqu'on leur annonce qu'il y a méprise, ils disparaissent aussi vite qu'ils se sont rassemblés : des ombres se glissent le long des allées menant chacune à un foyer différent, les ombres jusque-là postées derrière les fenêtres s'en écartent, abandonnant ainsi de vains espoirs. En quelques instants, tout redevient calme de l'autre côté des eaux d'huile et d'encre. Le dîner se poursuit sans entrain, dans une atmosphère un peu oppressée.

Chapitre 13

Alors que les plus inventifs élaborent des explications politiques complexes pour éclaircir le mystère — telle celle qui fait de Thompson l'invité de Pridi à Canton — les plus discrets persistent à croire que l'enlèvement de l'Américain pourrait être attribué à une banale histoire de rançon dans laquelle les communistes ne sont pas impliqués, et que les ravisseurs attendent le relâchement de l'attention de la police pour formuler leurs exigences. Cet espoir est nourri, bien que faiblement, par un certain nombre d'événements.

La plupart d'entre eux commencent par une lettre, parfois rédigée en thaïlandais, mais plus généralement en mauvais anglais, et toutes celles qui indiquent une piste quelconque sont examinées par l'étude de notaire d'un jeune Américain, Charles Kirkwood, que la Silk Company a engagé pour s'occuper de la récompense, ainsi que de certains autres aspects de l'affaire. (Au début de l'été, des amis de Thompson se sont cotisés pour augmenter la somme initialement proposée par la société, qui passe ainsi de 10.000 à 20.000 dollars.)

Une péripétie des plus classiques advient dans les premiers jours de mai, débutant par un coup de téléphone d'un Thaïlandais, nommé Narong, qui conseille à la société d'entrer en contact avec une femme à Bangkok appelée Chuchit. Celle-ci prétend que Narong, qu'elle considère comme un homme de parole, lui a confié que Thompson a été enlevé par les communistes, mais qu'ils l'ont par la suite relâché. Il souffre à présent d'une maladie inconnue affectant ses jambes, et est suivi par un médecin au sud de la Thaïlande, près de la frontière malaise. Le médecin réclame une rançon de 3 000 bahts (environ 150 dollars US) pour remettre son patient entre les mains de Narong, qui le rendra ensuite à ses amis. Les enquêtes établissent que Chuchit jouit d'une bonne réputation, et d'une certaine fortune. On décide, par conséquent, de lui remettre la somme exigée. Une fois de plus c'est une erreur : les habituelles demandes d'argent supplémentaires suivent, le mystérieux Narong reste évasif tout au long des transactions, et l'affaire est finalement classée parmi les tentatives d'escroquerie.

C'est le schéma le plus courant : un premier contact apparemment honnête et sincère, une histoire qui parfois semble étrange, sans toutefois dépasser les limites du plausible, une demande croissante d'argent, puis finalement, l'impasse. Le seul renseignement absolument fiable que possèdent ces «informateurs», est le montant de la récompense promise par la société, sur ce point ils sont en effet très bien informés. L'un d'eux a même mis sur pied un plan pour que l'argent soit déposé dans des comptes différents, en Thaïlande et en Malaisie, et passe tant de temps à expliquer son système de paiement qu'il finit par négliger la question initiale, c'est-à-dire Thompson.

Certaine des escroqueries sont faciles à démasquer, comme celle-ci : un habitant de Songkhla, ville située à l'extrême sud de la Thaïlande, prétend dans une lettre avoir vu Thompson à la frontière malaise et l'avoir reconnu facilement : il est «de constitution moyenne, a un visage ovale, des cheveux fins et châtains et boîte légèrement ; de plus, il parle le thaïlandais couramment». Malgré plus de vingt années passées en Thaïlande, Thompson, comme on le sait ne connaît que quelques expressions dans cette langue.

De toutes les informations données la première année, la seule paraissant réellement digne d'intérêt débute par une lettre que les services de Kirkwood reçoit en septembre. Elle est expédiée d'Haadyai, près de la frontière, par un dénommé Khed qui s'enquiert de la validité de la récompense. Il explique quand et comment il délivrera Thompson, mais affirme qu'il n'acceptera aucune somme d'argent tant que les associés de l'Américain n'auront pas obtenu satisfaction. Ces marques de sincérité sont confirmées par les discrètes enquêtes de la police thaïlandaise, qui indiquent que Khed est directeur d'une école privée d'environ trois cents élèves, et qu'il a une réputation d'honnête citoyen.

Au début du mois d'octobre, Khed vient à Bangkok pour continuer les négociations entreprises par courrier. Son histoire est curieuse, et apparemment assez peu crédible. Il raconte que Thompson s'est teint les cheveux en rouge, et qu'il vit désormais dans les halles d'un marché, près d'Ipoh, reconverti en diseur de bonne aventure. À Bangkok, personne ne croit ce conte – un *farang* teint en roux ne serait certainement pas passé inaperçu — mais on décide néanmoins d'en tenir compte ; on suppose, en effet, que les ravisseurs craignent d'agir directement et ont envoyé Khed en tant qu'émissaire. Khed garantit que, dans trois jours, posté dans le marché, il désignera Thompson , après avoir pris contact avec ses «amis» ; si l'identification est satisfaisante, il recevra alors la récompense.

Les autorités thaïlandaises et malaises sont d'avis de poursuivre. Sheffield, Kirkwood et l'un de ses associés, Harvey Price, sont choisis pour rencontrer Khed à Ipoh le 15 octobre. Un accord est également conclu avec Santokh Singh et ses hommes d'Ipoh pour prévenir toute tentative éventuelle d'enlèvement et protéger Sheffield et ses amis.

La première partie du voyage vire rapidement au mélodrame. Santokh a conseillé à Sheffield et à ses compagnons d'arriver vêtus en touristes, et de dire qu'ils sont en vacances si on les questionne. Ils prennent d'abord l'avion jusqu'à Penang, puis une voiture jusqu'à Ipoh où un rendez-vous secret a été fixé au *Station Hotel* avec Santokh. Ils descendent dans un hôtel chinois défraîchi où ils se font enregistrer sous leurs prénoms, en donnant leurs adresses américaines.

Une certaine prudence s'impose en effet : lors d'un précédent voyage, peu après la disparition, Sheffield avait donné son nom et les journalistes n'avaient pas tardé à le découvrir. Santokh tient à tout prix à éviter que ce genre d'incident ne se reproduise.

Ce soir-là, un vendredi, les trois Américains dînent avec Santohk dans un club privé et mettent au point leur rencontre avec Khed qui doit avoir lieu le dimanche matin. Khed leur a demandé de le rejoindre dans un temple bouddhique non loin du marché, à 10 heures ; il doit ensuite les conduire jusqu'à Thompson. On espère que Khed soit au moins accompagné de Surachaï, un jeune Thaïlandais qui fait parti du personnel de Kirkwood et qui est revenu à Haadyai avec Khed après la visite de celui-ci à Bangkok. Il sert en quelque sorte d'otage, assurant à Khed que Sheffield et Kirkwood se montrent au rendez-vous. Avant son départ, Surachai a reçu des instructions lui indiquant le signal à donner aux douaniers lorsqu'il passera la frontière avec Khed, pour que l'on puisse les suivre jusqu'à Ipoh.

Santokh Singh met au point un dispositif complexe pour assurer la sécurité des étrangers lors de la rencontre dans le temple. Ils seront accompagnés d'un officier de police eurasien, nommé Stuart Moreira, inconnu à Ipoh puisqu'il vient de rejoindre les services de Santokh. Présenté comme «Monsieur Stuart», agent de la Thai Silk Company à Kuala Lumpur, il aura le rôle d'interprète lors de la rencontre. Toutes les routes menant au temple doivent être surveillées par des camions camouflés contenant chacun une douzaine de policiers armés, et l'un des véhicules doit suivre les quatre hommes jusqu'au marché. Aux alentours du temple, la surveillance est assurée par des hommes «déguisés» : l'un en touriste prenant des photographies, un autre dessinant le long de la route, un autre encore réparant une voiture devant la grille du temple. De plus, des observateurs cachés doivent être en communication-radio permanente avec Santohk.

Le lendemain, Kirkwood et Price se rendent, pour la première fois, à *Moonlight Cottage*, tandis que Sheffield, Santokh et Moreira restent à Ipoh pour vérifier chaque étape du plan qu'ils ont établi. Tout semble parfait, si toutefois Khed vient au temple et tient sa parole.

Le dimanche matin, les trois Américains et Moreira sont amenés au lieu du rendez-vous dans une voiture d'emprunt, conduite par un policier armé déguisé en chauffeur. Ils arrivent légèrement en avance, Khed n'est pas encore là. À dix heures dix, il n'y a toujours personne, et au fur et à mesure que les minutes passent, les négociateurs commencent à perdre espoir. Accompagné d'un chauffeur, de trois de ses amis et de Surachai, Khed arrive à dix heures trente : il a oublié de régler sa montre sur l'heure malaise.

Khed propose que ses amis et lui se rendront au marché à onze heures, et, qu'entre-temps, ils iront prendre un bain au temple. À son retour, il a changé d'avis : il se rendra seul au marché, avec l'un de ses amis et le chauffeur, tandis que les autres attendront au temple. Une heure après, le chauffeur revient avec de mauvaises nouvelles. Khed a pénétré dans le marché, puis a disparu ; il ne sait pas ce qui a pu lui arriver. Les étrangers, découragés, restent quelque temps dans le temple avant de se décider à regagner leur hôtel en espérant que Khed leur fasse signe.

L'après-midi est ponctuée des coups de téléphone que Sheffield échange avec les quartiers généraux de Santokh. Aux alentours de dix-huit heures, un homme apporte une lettre, expliquant qu'un étranger l'a abordé dans la rue et l'a chargé de remettre cette missive à l'adresse indiquée. C'est un message de Khed, s'excusant de ne pas avoir réussi à trouver ses amis dans le marché. Sheffield fait porter un message à l'adresse de l'hôtel où Khed est censé avoir passé la nuit précédente ; il dit comprendre les circonstances et lui enjoint de les rappeler.

Tôt le lendemain matin, Kirkwood et son associé quittent la ville pour Bangkok. Sheffield choisi de rester tant que Khed se trouve dans les environs, ce qui ne peut se prolonger puisque son visa expire le lendemain. Vers neuf heures, on frappe à la porte de sa chambre : c'était Khed et ses hommes. Des problèmes inattendus ont surgi, explique-t-il, les ravisseurs ont été effrayés deux jours auparavant par un étranger qui a soi-disant fouillé «la ville entière» à la recherche de Jim Thompson, et comme si cela ne suffisait pas, trois autres étrangers sont arrivés peu après pour mener une enquête. En conséquence, ils ont préféré se tenir sur leurs gardes.

À ce moment-là, comme on peut s'y attendre, les promesses

de Khed perdent toute valeur. Sheffield, avant de retourner à Bangkok, le somme de prévenir la police s'il obtient des nouvelles de ses mystérieux amis, et l'informe que les autorités se sont engagées à n'entamer aucune poursuite contre les ravisseurs si Thompson est retrouvé. Durant les mois qui suivent, Khed expédie quelques lettres ; il soutient dans la dernière que ses amis ont emmené Thompson hors de Malaisie, mais où ? Il ne le sait pas.

Khed disait-il la vérité ? Après réflexion, Sheffield et l'équipe de Kirkwood tendent à le croire. Lorsque les amis de ce dernier ont manqué à leur parole, au marché, il a donné tous les signes de la plus grande surprise. Il est fort probable qu'il a été l'instrument d'un groupe malais qui ne cherchait, par son intermédiaire, qu'à extorquer un peu d'argent, en échange d'une promesse de libération de Thompson. Lorsqu'il a fallu apporter des preuves concrètes à leur engagement, ils se sont évaporés.

Chapitre 14

Al Koran, l'Anglais qui lit dans les esprits, est le premier artiste de music-hall à avoir compris quelle fabuleuse source de publicité le mystère de la disparition représente pour qui sait l'exploiter finement — et il ne sera pas le dernier —. Parmi ceux qui font régulièrement la une des journaux grâce à leurs découvertes «sensationnelles», le plus assidu est Robert McGowan, un Australien qui a été commandant dans l'armée anglaise.

Si McGowan est sincère lorsqu'il raconte les péripéties auxquelles il est confronté lors des démarches qu'il entreprend pour retrouver Thompson, sa vie mérite de faire l'objet d'une biographie. Si tout cela n'est que chimères, sa voie est tracée et son succès assuré en tant que scénariste. L'affaire l'occupe pendant un an et ses déclarations, qu'il s'arrange toujours pour émettre à portée de l'oreille curieuse d'un journaliste, lui valent un nombre impressionnant de propositions dans diverses capitales d'Asie du Sud-Est, mais aussi la considération inattendue de certaines personnes directement impliquées dans l'affaire. Il est juste de rétablir la vérité : aujourd'hui, l'enthousiasme que McGowan suscite s'est nettement affaibli, et ses anciens adeptes ne lui reconnaissent plus qu'un impressionnant charisme.

Le numéro de boîte de nuit que McGowan met au point nécessite la présence de son fils, Peter, et de Curley, une jeune femme aux cheveux raides et courts. McGowan exécute dans un premier temps un numéro de divination avec l'aide du premier, puis, pour varier le spectacle, il se transforme en lanceur de couteaux dont la seconde est la cible. Il fait des tournées essentiellement en Asie du Sud-Est, et en juin de cette année-là, il se trouve à Singapour et à Kuala Lumpur. Ce n'est qu'un peu plus tard que ses impressions sur la disparition de Thompson trouveront des échos dans la presse locale. Sa place dans les journaux augmenta considérablement à partir du mois de juillet, lorsqu'il annonce à un journaliste qu'il a reçu des menaces d'un couple d'Asiatiques et d'un Américain revendiquant leur appartenance à la CIA et l'invitant à ne pas se mêler de cette affaire. Il va plus loin encore lorsqu'il relate qu'il a failli se faire poignarder alors qu'il se promène innocemment dans Bugis Street, l'un des endroits de débauche et de prostitution les plus populaires de Singapour. McGowan affirme que ces menaces ne l'effrayent pas ; au contraire il se sent stimulé dans ses recherches à chaque nouvel incident et décide de se rendre à Bangkok pour en savoir plus.

Peu de temps après son arrivée dans la capitale thaïlandaise, il fait la connaissance d'un journaliste du *Bangkok Post*, enchanté de s'entendre dire que de nouveaux éléments peuvent lui être communiqués. Le médium déclare que son fils, qu'il présente comme ayant des pouvoirs extra-sensoriels plus développés que les siens, et lui-même ont eu la ferme impression qu'un certain Monsieur Seng pourrait éclairer certains points de l'affaire. Après des recherches à travers toute la ville, ils dénichent enfin un Peng Seng qui, par un hasard déconcertant, tient un magasin d'antiquités tout près de la boutique de Thompson, sur Suriwong Road. De plus, il s'avère que «Monsieur Seng», comme McGowan s'obstine à l'appeller alors qu'il ne s'agit que d'une abréviation de son nom, a été un bon ami de Thompson. Celui-ci raconte alors que le matin de son départ, Thompson était venu dans sa boutique s'acquitter d'une facture impayée. Puis il a fait ses adieux non seulement à lui, mais aussi à tout le personnel. Selon le commerçant, cette multitude d'adieux présage quelque chose de curieux. «Nous sommes persuadés qu'il s'agit là d'une piste très importante, confie le voyant au journaliste, avant d'ajouter : «Nos impressions se font de plus en plus précises et nous sommmes persuadés que bientôt nous obtiendrons la clé du mystère».

Mc Gowan passe le plus clair de son temps à s'entretenir avec des personnes impliquées dans l'affaire. Il reste constamment en contact avec son ami journaliste, qui paraît passionné par chacun des étranges rebondissements. Puis soudain, le nœud de l'affaire se resserre encore. Il reçoit un appel téléphonique d'un Africain du Sud, déjà entré en contact avec lui alors qu'il se trouvait à Singapour. Son interlocuteur l'exhorte à se rendre au Laos où il lui sera donné des preuves que Thompson est toujours en vie. McGowan s'empresse évidemment de fournir cette information au journaliste en y ajoutant un commentaire encourageant : «Nos recherches se déroulent parfaitement bien, pas à pas. Nous possédons un indice que nous nous empresserons de vérifier factuellement. Jusqu'à présent, rien n'a démenti l'exactitude de nos pressentiments.»

McGowan et Curley s'envolent donc pour Vientiane, la capitale du Laos, où ils ont par ailleurs réussi à décrocher un contrat dans une boîte de nuit. McGowan a l'intention de trouver là-bas un soutien financier lui permettant de poursuivre ses investigations. C'est alors que l'affaire devient plus épineuse encore. Il introduit un aperçu de l'aspect dramatique des dernières révélations dans son spectacle, donné dans une boîte psychédélique, *Le Troisième Œil*. Cet endroit est fréquenté par la communauté hippie européenne, et tenu par un jeune Américain marginal qui a l'intention de créer au Laos un gouvernement parallèle. Pour ajouter du piment au tableau, si cela est nécessaire, deux personnages supplémentaires font irruption dans l'affaire : un étrange Sud-Africain que McGowan décrit comme un «dilettante imprudent», et un Chinois au physique troublant, «entièrement chauve sur l'avant de son crâne et dont les cheveux traçaient une ligne parfaitement droite d'une oreille à l'autre.» À la suite de nombreuses sombres réunions et de conversations sibyllines, McGowan révèle que Thompson se cache au Cambodge où il doit rencontrer l'ancien Premier ministre, Pridi. Ce dernier rêvant de retourner dans son pays natal a, pour cela, sollicité l'aide de Thompson. Il était a priori inutile de se rendre jusqu'au Laos pour dévoiler une telle information qui est à la portée de tous à Bangkok. Thompson avait prévenu Pridi qu'il serait mal reçu s'il retournait en Thaïlande, sentiment que confirment tous les articles au sujet de l'ex-Premier ministre. L'Américain est ainsi retenu pour éviter toute indiscrétion de sa part avant le coup d'État prévu.

Cette interprétation est accueillie avec la plus grande circonspection à Bangkok, plus particulièrement par ceux qui ont accordé leur confiance à Hurkos. Il faut un certain temps avant que les informations de McGowan ne soient radicalement remises en question : il perdra tout son crédit lorsqu'il ira jusqu'à prétendre, parmi mille autres choses, que Thompson a été envoyé du Cambodge en Suisse. C'est ainsi que l'intérêt que l'on a porté à ces nouvelles élucubrations commence à s'estomper ; le mystère est, en effet, d'une telle opacité que McGowan, tout comme ses prédécesseurs, se détache lentement de l'affaire. Les interventions de ce personnage trop imaginatif ou scandaleusement incompris seront néanmoins à l'origine d'une impressionnante série d'articles de journaux.

Chapitre 15

L'explication politique a été la thèse qui a recueilli le plus de suffrages, l'enlèvement venant en seconde place, mais les imaginations ne se sont pas privées d'explorer d'autres pistes. Comme les mois se succèdent sans apporter le moindre fait nouveau, l'affaire reste l'un des sujets de conversation favoris dans les capitales d'Asie. En dernière ressource, les experts étudient les rouages de la CIA, la vie amoureuse de Thompson, les jungles de Malaisie, les coutumes aborigènes, l'esprit communiste, les tigres et autres animaux sauvages. Le mystère se prête à toutes les suppositions imaginables avec une complaisance déroutante.

Il y a par exemple la solution proposée, avec le plus grand sérieux, par un homme d'affaires malais à un journaliste. Il suggère que Thompson a pu être capturé par une femme aborigène appartenant à l'une des tribus des Highlands, folle de lui. «Ce n'est pas aussi aberrant qu'on pourrait le croire, dit-il, peu avant la Seconde Guerre mondiale, un riche citoyen de Johore tomba entre les mains d'une femme de ce genre, et on ne le revit jamais. Une fois que vous tombez entre leurs mains et qu'elles sont amoureuses de vous, elles ne vous lâchent plus. De plus, il y a des femmes très belles parmi les *Sakai*, et je pense qu'un homme peut préférer rester à leurs côtés plutôt que de risquer sa vie dans la jungle en tentant de s'échapper.» Si tel a été le sort de Thompson, ajoute-t-il, «il n'y a plus qu'à espérer que sa compagne se lasse un jour de sa présence !»

Un reporter envoyé à Singapour par le *Chronicle* de San Francisco avance une autre théorie : «Lorsque la récompense atteignit plus de 10.000 dollars, écrivit-il, je décidai d'aller prendre des vacances aux Highlands. Alors que je conduisais, j'aperçus un auto-stoppeur de 63 ans *(sic)*. J'eus à peine le temps de voir un *Sakai* chevelu au regard sauvage, qui mâchait du bétel, me menaçant de sa longue sarbacane. Il me toucha immédiatement. Thompson fut lui aussi atteint par l'une de ces flèches mortelles, lancée par un chasseur aborigène».

Les aborigènes ont bien souvent une place d'honneur dans les versions qui circulent à Bangkok. En plus de leurs étranges coutumes et de leurs sarbacanes, ils sont réputés pour la discrétion des pièges posés dans la jungle. Supposons, soufflent certains, que Thompson soit par mégarde tombé dans l'une de ces fosses, dont le fond est parfois recouvert de pointes trempées dans un poison mortel. En découvrant qu'ils ont tué, ou peut-être gravement blessé, un homme blanc, la réaction la plus naturelle des chasseurs n'est-elle pas de le brûler rapidement, d'éliminer toutes les traces de l'accident, et d'affirmer aux chercheurs, Noone y compris, qu'ils ne savent rien ?

D'autres hypothèses accordent une place prépondérante aux dangers de la jungle. Ceux qui s'y sont rendus rappellent la menace des ravins abrupts et le nombre incroyable de grottes dans cette région. Ne peut-on imaginer que Thompson, blessé, soit tombé au fond d'un précipice, ou qu'il se soit réfugié dans une grotte ? Est-il possible de fouiller chaque ravin, chaque grotte de ce paysage hostile ?

Et que dire des animaux sauvages qui peuplent cette jungle ? Les histoires de tigres sont courantes, et bien qu'il n'y ait pas vraiment d'information précise sur le sujet, tout le monde admet que la jungle peut abriter des tigres et des léopards. Les sangliers sauvages représentent, eux aussi, un danger réel pour qui les croise seul. S'il a été attaqué à quelques kilomètres de *Moonlight Cottage*, l'animal avait pu traîner le corps dans une tanière — justement l'une des grottes — qui a échappé aux chercheurs. Le principal défaut de la thèse des animaux sauvages réside dans l'absence totale d'indices — traces de sang, lambeaux de vêtements, etc. — qui résultent d'une attaque de ce genre. Un détective de Bangkok a réussi cependant à résoudre ce problème : il assure que Thompson a été avalé par un python. Cette allégation est des plus fantaisistes, ces reptiles n'avalant généralement pas les hommes de taille adulte, mais après tout, elle n'est guère moins invraisemblable que les autres.

Chapitre 16

À la fin de l'été, la presse ne fait presque plus état de la disparition de Thompson, les quelques rares tressaillements, causés par une nouvelle rumeur ou une prédiction émise par un animateur de cabaret, n'inspirent que de courts articles. Personne ne se sent le courage de déclarer les recherches officiellement closes. La Thai Silk Company, bien qu'ayant nommé Sheffield comme directeur général, continue de verser le salaire de Thompson sur son compte bancaire. Quant aux autorités thaïlandaise et malaises, elles persistent à ne négliger aucune piste. Cependant le désespoir est de plus en plus grand devant l' absence totale de certitudes. Le mois de juin s'est écoulé dans le calme, contrairement aux prédictions du moine Keo qui avait affirmé que la situation au Vietnam devait s'améliorer et apporter de nouveaux éléments sur l'affaire Thompson. Toutes les pistes élaborées à partir de l'hypothèse d'un enlèvement se heurtent à un moment ou à un autre à une improbabilité : si les ravisseurs sont véritablement des communistes, comme on l'a laissé entendre, ils ne se sont toujours pas manifestés. Les *bomoh* continuent d'envisager toutes sortes d'éventualités et de hanter *Moonlight Cottage*, si bien que les Ling sont obligés de faire appel à la police pour éviter que le jardin ne soit saccagé. Les nouvelles prédictions avancées rameutent de moins en moins d'adeptes, et aucune preuve ne vient confirmer les «impressions» d'Hurkos ou celles de McGowan. C'est alors que la famille Thompson est à nouveau bouleversée par un événement faisant réapparaître l'affaire de leur frère à la une des journaux.

Dans la matinée du 30 août, la femme de ménage de Katherine Wood, la sœur aînée de Thompson, se présente à son travail à l'heure habituelle. Elle pénètre dans la demeure silencieuse et se rend dans la chambre de sa patronne, située au rez-de-chaussée. C'est alors qu'un terrifiant tableau s'offre à ses yeux épouvantés : la vieille femme a été battue et git sans vie, criblée de blessures effectuées à l'aide d'«un ustensile dont la lame est émoussée», comme elle va le décrire plus tard la police. Ses deux chiens de garde, un berger allemand et un labrador, ont manifestement assisté au crime sans intervenir.

Katherine Wood était une femme réservée, mais excentrique, dont la vie n'a pas toujours été heureuse. Elle a épousé, en 1922, Osborn Cutler Wood, fils du fameux général Leonard Wood qui a été gouverneur aux Philippines. Ce dernier s'est présenté comme candidat lors de l'élection d'un nouveau président pour le Parti républicain en 1920, élection finalement remportée par Warren Harding. Osborn Wood a gagné beaucoup d'argent grâce à des actions placées en bourse au début des années vingt, mais n'a pas obtenu le même succès dans son mariage. En 1924, après trois années de vie commune et deux fils, les Wood divorcent. Depuis ce moment-là, Katherine Wood a mené une vie calme. Elle occupe une place importante dans les sociétés de Philadelphie et de Wilmington. Sa demeure, confortable et spacieuse, s'élève sur un domaine d'environ six hectares, situé à moins d'un kilomètre du plus proche hameau. Elle fait entrer les chiens dans sa chambre pendant la nuit et garde un pistolet à portée de main. Son isolement ne semble pas l'inquiéter outre-mesure, et il lui arrive même, parfois, d'oublier de vérouiller certaines portes avant d'aller se coucher.

Thompson était plus proche de Madame Douglas, sa plus jeune sœur. Cependant aucune brouille n'a éloigné Katherine de son frère, qui lui rend systématiquement visite l'été, lors de son séjour annuel aux États-Unis. Ils ont décidé, tentant ainsi d'instaurer un semblant de tradition, qu'il viendrait chaque année passer la fête du Travail chez elle. Peu de jours avant le drame, Katherine Wood a eu sa sœur au téléphone et lui a exprimé son espoir de revoir leur frère. L'une et l'autre croient à ce dénouement heureux. Katherine Wood a fait part à sa femme de ménage d'une partie de sa conversation avec sa sœur ; celle-ci déformera fâcheusement ces propos lors de son rapport à la police et à la presse, affirmant que Katherine Wood attend Thompson à une date fixée. Cette information erronée ne tardera pas, comme toutes les autres, à être érigée en fait certain dans l'opinion publique.

Le meurtre fait la une de la presse, en partie parce que Katherine Wood jouit d'une haute position sociale, mais surtout parce que le souvenir de la disparition de son frère s'en trouve avivé. Rapidement, on rapproche les deux événements et la police, soutenue par les journalistes, assure qu'elle n'exclue pas l'éventualité d'un «complot international». On rapporte alors les propos du fils de Katherine Wood, selon lequel les deux mystères auraient un lien. Peter Hurkos, resté silencieux pendant tout l'été, voit là la confirmation de ses «impressions» malaises, ainsi que la possibilité de leur donner une nouvelle publicité.

C'est ce qu'il fait, grâce à un article publié exclusivement, une nouvelle fois, dans la version asiatique du magazine *Life*. Il y soutient, sans nuances, que la disparition et le meurtre sont indissociables, allant même jusqu'à comparer la maison de Katherine Wood à *Moonlight Cottage,* à l'aide de photographies. L'article se poursuit avec une longue interview d'Hurkos, dans laquelle il confirme la thèse du complot international : il complète ainsi ses révélations antérieures et apporte certains détails sur ses activités en Asie du Sud-Est.

«Je suis persuadé que Thompson est toujours aussi vivant que lors de mon séjour là-bas, affirme-t-il, il est toujours retenu à l'endroit que j'ai désigné sur la carte. Lorsque j'ai découvert dans quel pays et dans quelle ville il se trouvait, j'ai pensé pendant un temps l'enlever de force. Je connais cette ville, je sais à quoi elle ressemble et je parle parfaitement le chinois et le malais. J'ai voulu m'y rendre avec cinq soldats thaïlandais, et non pas américains. Je pouvais le sortir du pays, mais on ne m'a pas autorisé à y entrer. À mon retour aux États-Unis, une lettre de Bill Bundy, l'assistant du secrétaire d'état, m'attendait. Il affirmait que cette expédition était trop dangereuse et qu'il était impossible d'utiliser la force contre un pays avec lequel nous ne sommes pas en guerre. Cela aurait été considéré comme une violation des droits.»

Hurkos n'a toujours pas expliqué aujourd'hui en quoi le malais lui aurait été utile au Cambodge, pays dont il s'agit dans l'interview, bien qu'il n'y soit pas cité. De même, il ne donne aucun détail sur sa volonté — généreuse — de partir accompagné de cinq soldats thaïlandais plutôt qu'américains : la Thaïlande ayant, en effet, rompu toute relation diplomatique avec le Cambodge depuis plus de huit ans !

La dernière intervention publique d'Hurkos sur cette affaire date de 1968 : il accorde alors une interview dans laquelle il dévoile son intention de ne plus se livrer à la recherche scientifique: «Pourquoi devrais-je passer toute ma vie dans un laboratoire à tester telle ou telle chose ? C'est ridicule.» Il confie au journaliste qu'il a mis au point un numéro de cabaret qui lui rapporte cinq mille dollars par semaine dans des endroits tels que Miami Beach ou Dallas. «Thompson, a-t-il alors affirmé, est toujours vivant. J'en donnerais ma tête à couper.»

Chapitre 17

L'assassinat de Katherine Wood provoque une recrudescence des spéculations, aussi bien à Bangkok qu'aux États-Unis. Ceux qui ont suivi l'affaire ont du mal à admettre que deux mystères aussi inexplicables dans une même famille relèvent d'une simple coïncidence. En effet, au fur et à mesure que les mois passent, il s'avère que les circonstances de la mort de Katherine Wood sont presque aussi obscures que la disparition de Thompson. La police interroge les anciens employés de la défunte, ainsi que des étrangers se trouvant dans les environs lors de la nuit fatale ; mais les enquêtes, comme celles menées aux Highlands, ne donnent aucun résultat satisfaisant. L'inventaire de sa demeure confirme ce qui avait été écrit dans le premier rapport, à savoir que rien n'a été dérobé, ce qui tend à infirmer l'hypothèse d'un meurtre motivé par le vol. Certains journaux mentionnent «des piles de papier en désordre» dans sa chambre, impliquant que l'assassin était à la recherche d'un document, mais les membres de la famille assurent que le bureau de Katherine Wood était toujours dans cet état et que rien n'a été dérangé.

Pourquoi les chiens n'ont-ils pas attaqué l'intrus alors qu'ils sont dressés pour réagir en de telles situations ? Doit-on voir là une illustration de la célèbre histoire de Sherlock Holmes où le chien n'aboie pas, et si tel est le cas, qui est ce familier devant laquelle les chiens sont restés silencieux ? Il existe en Amérique de nombreux exemples de meurtres commis sans mobile apparent contre des personnages importants, mais les gens n'apprécient guère les coïncidences dans les affaires criminelles, et se refusent, pour la plupart, à croire à un inexplicable hasard ; Hurkos n'est pas le seul à affirmer qu'il doit exister une corrélation entre les deux événements. Mais s'il y en a effectivement une, personne n'a encore réussi à la découvrir.

L'une des thèses les plus fantaisistes établissant un lien entre les deux affaires, soutient que le meurtrier cherchait des documents concernant Thompson, que sa malheureuse sœur était censée détenir. Ses défenseurs ont une réponse toute prête quant à la nature du document convoité : il s'agit du second testament, introuvable, rédigé par Thompson, dans lequel il exprime ses volontés à propos de sa collection d'œuvres d'art.

Le mobile du meurtre — de même que la supposition selon laquelle Thompson aurait confié son testament à Madame Wood — est absolument absurde, mais la question du testament restera pendant près de deux ans un mystère, et joue un rôle important dans bien des thèses avancées. On l'a lié aux démêlés de Thompson avec le ministère de la Culture, au moment de l'affaire des têtes de calcaire : à cette époque, Thompson avait annulé son testament de 1961, dans lequel il léguait sa collection à la Société du Siam ; il avait rédigé une lettre dans laquelle il informait les membres de cette organisation de sa décision, se retirant du Conseil par la même occasion. (Sa démission ne fut jamais ni acceptée, ni refusée, elle fut tout simplement ignorée, et au bout d'un moment, une fois dissipée l'amertume des premiers temps, Thompson s'était de nouveau intéressé aux affaires de l'association, sans jamais cependant assister aux réunions du Conseil.) En Thaïlande, les testaments doivent être déposés au bureau d'un *amphur*, des bureaux de police américains attachés aux circonscriptions. Après avoir révoqué son testament initial, Thompson s'était rendu chez l'*amphur* de son quartier et avait récupéré l'original, ainsi que la copie-témoin signée. Cependant, peut-être parce qu'il en avait oublié l'existence, il n'avait pas repris la deuxième copie, qu'il avait envoyée à la Société du Siam. Il resta ainsi quelques années sans testament, jusqu'à ce qu'il décide d'en rédiger un autre peu avant de partir pour son voyage habituel en Europe et en Amérique. Il ne fit pas alors appel à un homme de loi mais recopia simplement le premier, remplaçant le nom de la Société du Siam par celui de son neveu, Henry Thompson III, désormais unique héritier de tous ses biens hormis ceux, modestes, qu'il destinait à ses domestiques. Son héritage comprend sa maison, les terres sur lesquelles elle est construite, sa collection d'œuvres d'art et ses parts dans la Thai Silk Company. Ce testament fut rédigé en présence de Sheffield et de deux employés thaïlandais de sa société, et Thompson avait affirmé qu'il irait lui-même l'apporter au bureau de l'*amphur*.

L'affaire en reste là. Sheffield présume que le second testament a été déposé en temps voulu, mais il n'a parlé de son contenu à personne, respectant les volontés de Thompson qui désire garder cette affaire strictement confidentielle. (Thompson en avait cependant parlé avec plusieurs personnes, notamment avec l'écrivain anglais Ludovic Kennedy qui l'avait interviewé dans la perspective d'un ouvrage sur les expatriés.) Lorsqu'on se rend compte de la gravité de cette disparition, l'avocat de la société se rend chez l'*amphur* pour récupérer le testament, de sorte que l'on puisse nommer un administrateur temporaire. Le testament ne s'y trouve pas, on ne le découvre pas davantage dans ses papiers personnels. Chez l'*amphur*, un livre des registres consigne les entrées et sorties des documents, et il n'y a aucune trace du second testament, bien que la sortie du premier, au moment où il est en effet révoqué, ait été enregistrée.

À cette époque, de nombreuses hypothèses sont échafaudées pour tenter de savoir où se cache ce deuxième testament.

Thompson a-t-il oublié de l'apporter chez l'*amphur*, fidèle à son habituel détachement face aux démarches administratives ? Mais dans ce cas, qu'en a-t-il fait, pourquoi est-il impossible de remettre la main sur ce document qui semble, tout comme lui, s'être brusquement volatilisé ? A-t-il finalement changé d'avis, comme le pensent certaines personnes, le détruisant et remettant à plus tard la rédaction d'un troisième testament ?

Ces questions paraissent devoir rester sans réponse, et l'absence de testament donne lieu à un problème juridique délicat, suscitant de nombreuses controverses durant la deuxième année de sa disparition. Il s'agit moins, dans l'immédiat, de savoir qui est l'héritier de ses biens que de déterminer pour une période de sept ans, temps exigé par la loi thaïlandaise avant que la mort d'un disparu ne soit officiellement déclarée, un administrateur pour sa compagnie. Certains, à la Silk Company, ont le sentiment que la copie du premier testament leur donne des droits sur ce poste comme sur les biens de Thompson, puisque le second testament est introuvable. (La société était le seul groupe qui pouvait tirer un bénéfice de l'absence du document, et il faudrait faire preuve de beaucoup d'imagination pour concevoir que les très respectables membres de cette auguste organisation aient assassiné une vieille femme pour récupérer un papier dont elle n'avait probablement jamais entendu parler.) L'avocat de Thompson pense que dans la mesure où le second testament a été établi dans les règles, et puisque les témoins peuvent attester de son contenu, on doit le considérer comme valide. Dès lors, il n'est pas impossible qu'un procès entre la famille et la société soit engagé.

Pendant l'année qui suit la disparition de l'Américain, le frère aîné de Thompson (père de l'héritier présumé) est nommé administrateur temporaire. Un autre administrateur sera nommé à la fin de l'année.

La perspective d'un procès n'a rien de très attrayant aux yeux de la famille de Thompson. Les vœux du disparu sont à respecter, et il a nettement fait part de sa décision, dans ses conversations comme dans ses lettres, de ne rien léguer à la Société du Siam. S'il a par la suite changé d'avis, il n'en a parlé à personne et n'a apparemment pas entrepris les démarches nécessaires. D'autres considérations doivent cependant être prises en compte. En effet, personne n'a jamais vraiment tenté de donner une estimation de la collection de Thompson, pour la simple raison que les pièces les plus chères — et certaines pourraient aujourd'hui atteindre des sommes fabuleuses sur le marché des antiquités asiatiques — ne seraient pas autorisées à sortir de Thaïlande, et donc ne pourraient être vendues. La famille de Thompson n'a jamais eu l'intention de vendre la collection ; Madame Douglas et Henry Thompson ont été clairs sur ce point. Lorsqu'ils sont allés à Bangkok après le drame, ils ont fermement exprimé leur volonté de laisser les biens de Thomspon dans leur pays d'origine, comme leur frère l'aurait souhaité. Cependant, s'ils devaient se trouver engagés dans une querelle — eux, Américains et non-résidents de Thaïlande — avec une association locale à but non lucratif, cela pouvait donner lieu dans la presse nationale à de graves malentendus. Thompson possède certes un nombre infini d'amis thaïlandais, appartenant à toutes les couches de la société, mais, comme tout le monde, il a aussi quelques ennemis dont certains n'hésiteraient pas à salir sa réputation.

Une autre conséquence de l'affaire digne de considération a lieu avant la fin de l'année. Une nièce par alliance de Thompson, Earl Galleher, demeurant à Baltimore, a été intriguée par les fréquentes références faites au Cambodge dans les différentes théories politiques — Hurkos, le moine Keo et McGowan ont tous cité ce lieu comme celui où le disparu était maintenu en captivité — et elle décide sur un coup de tête d'écrire au Premier ministre cambodgien, le prince Norodom Sihanouk, en lui demandant son aide. Elle reçoit une réponse rédigée en français de la main de Sihanouk lui-même, lettre qu'il fait publier parallèlement dans un journal de Pnom Penh. Il déclare qu'il ne parvient absolument pas à comprendre pour quelle raison Thompson se trouverait au Cambodge, mais lui assure qu'il fera mener des enquêtes à ce sujet. Il adresse ensuite une seconde lettre exposant la nature infructueuse des recherches et sa certitude que Thompson n'est pas au Cambodge.

Personne ne se réjouit davantage de la fin de l'année maudite

1967 que les publicitaires et les gérants de Cameron Highlands, qui ont vu le succès de leur station menaçé par le sort tragique de Thompson. Ils ont continué à clamer haut et fort que la marche ne présente aucun danger, défendant bien évidemment la thèse selon laquelle l'Américain a été victime d'un complot étranger. Ils commencent à peine à respirer lorsque, dès le mois de janvier de l'année suivante, ils ont à faire face à une autre disparition.

Une charmante enseignante américaine de l'école Dalat, Jean Laing, s'égare en effet lors d'une promenade dans la jungle avec trois de ses étudiants. Après trois jours et quatre nuits de recherches — et, inévitablement, les rumeurs associent les deux disparitions — des aborigènes retrouvent le groupe terrorisé, à seulement quelques kilomètres de distance de la maison principale d'une importante plantation de thé. Jean Laing et ses élèves ont bien évidemment été ébranlés par cette expérience cauchemardesque, mais ils sont néanmoins en bonne condition physique. Questionnée par un journaliste, elle refuse de comparer sa disparition à celle de Thompson : «S'il avait été comme nous, un homme ordinaire, dit-elle, j'aurais pu penser qu'il s'était égaré. Mais un millionnaire...»

A ses yeux comme aux yeux de beaucoup d'autres, les millionnaires appartiennent à cette catégorie très particulière de personnes qui ne peuvent pas se perdre dans la jungle.

Chapitre 18

Durant les premiers mois de la disparition, l'un des amis de Thompson se demande si l'intérêt porté à l'affaire ne va pas s'émousser avec le temps. Les journaux persisteront-ils encore, au bout d'un an, à chercher de nouvelles hypothèses ? Les devins s'obstineront-ils à interroger les puissances occultes ? De nouvelles explications sur ce qui a pu se produire lors de cette après-midi aux Highlands seront-elles encore proposées ?

Le *Bangkok Post* dépêche donc aux Highlands, un an après la disparition, une journaliste nommée Amy Stone. Après avoir interrogé un certain nombre de personnes, ainsi que la police d'Ipoh, Amy Stone aboutit à la conclusion que «le mythe Jim Thompson était plus vivant que jamais». Elle rencontre Mohammed, le domestique des Ling à *Moonlight Cottage* : il lui confie que Thompson ne s'est probablement pas simplement égaré dans la jungle, même s'il ne peut avancer aucune explication valable. Elle a également un entretien avec l'une des amies européennes des Ling, qui a longtemps vécu aux Highlands et qui pense fermement que la disparition de Thompson n'est pas volontaire. «Il n'aurait jamais fait une chose pareille, dit-elle, je l'ai vu à l'église le matin même de sa disparition, et je ne crois pas un instant qu'il ait voulu s'en aller et causer aux Ling tous ces soucis. Mais évidemment, nous n'avons aucune preuve tangible.»

À Ipoh, Amy Stone appelle Santokh Singh, peu disposé à surenchérir sur les nombreuses hypothèses avancées : «Je suis un policier professionnel, lui dit-il, je ne suis pas télépathe.» Il ajoute qu'il estime avoir tenté le maximum, mais qu'il ne considère pas l'affaire close pour autant.

L'infatigable McGowan fait une nouvelle apparition, à Hong-Kong cette fois-ci, avec un message d'anniversaire, transmis comme d'habitude à un journaliste. Thompson est selon lui à Stung Treng, à la frontière de la Thaïlande et du Cambodge, entre les mains d'un groupe communiste qui s'efforce alors d'organiser en Europe (probablement en Suisse) une réunion entre l'Américain et «un ancien Premier ministre thaï».

McGowan doit cependant partager la scène de Hong-Kong. Le *China-Mail*, journal à sensation plus que d'information, sort une double page au titre aguicheur, «QU'EST-IL ARRIVÉ A JIM THOMPSON ?» Selon l'auteur anonyme, «l'homme connu sous le nom de Lord Jim» est en fait «un agent de la CIA particulièrement actif...», peut-être même «le chef du réseau du Sud-Est asiatique». À part cette étonnante révélation, évidemment étayée d'aucune preuve, le dossier comprend surtout des articles déjà parus dans d'autres journaux, mais nulle tentative de réponse au titre annoncé. Sa conclusion est sinistre : «Les observateurs chuchotent cependant que l'affaire n'est pas close, que l'homme nommé Lord Jim, l'homme qui a connaissance de secrets internationaux, sera, s'il le faut, recherché jusqu'au bout du monde.»

Aux États-Unis, les journalistes contactent Madame Douglas, qui leur assure que la famille ne souhaite aucunement sortir la collection de Thompson de Thaïlande, qu'elle désire au contraire créer une fondation. Elle confie également qu'elle a de moins en moins d'espoir de revoir son frère : «Il y a peu de temps encore, j'étais certaine qu'il était en vie. Mais maintenant qu'une année entière s'est écoulée, j'ai du mal à y croire. Je pense qu'il a été victime d'un enlèvement, ou alors qu'il a été assassiné.»

Les médiums asiatiques n'ont pas non plus abandonné la partie. En juin 1968, les journaux de Bangkok rapportent l'arrivée d'un Indien spécialisé en astrologie et en chiromancie, qui prétend travailler sur la disparition et qui, avant de quitter finalement la Thaïlande, a réussi à susciter quelques passions, à défaut d'aboutir à des conclusions satisfaisantes.

Il se nomme Dadi Balsara, c'est un homme à l'élocution rapide, aux manières franches, se fourvoyant parfois, puisqu'il a proposé des versions différentes de l'affaire à ses divers interlocuteurs, et qu'il s'est permis de calomnier certaines personnes impliquées dans l'affaire. Il est soi-disant attaché au ministère des Finances en Inde et président d'une organisation nommée l'"Institut pour le développement des sciences indiennes", spécialisée en astrologie, chiromancie, numérologie et mystique. Selon Balsara, les membres de l'Institut se méfient de titres tels que «chiromancien» ou «astrologue», qui ont des connotations péjoratives renvoyant aux bohémiens et aux magiciens de pacotille, ils préfèrent le terme de «scientifique du futur» qui est défini par un journaliste comme «celui qui traite scientifiquement de la destinée humaine».

La spécialité de Balsara est la «la chiromancie médicale», lecture de la main qui permet selon lui de prévoir des maladies telles que le cancer, les troubles rénaux, les maladies du cœur et les sautes de tension. Il est convaincu que les médecins devraient intégrer cette méthode dans leurs techniques d'établissement des diagnostics. C'est cependant l'astrologie, plus que la chiromancie, qui l'a amené à s'intéresser à l'affaire Thompson. Il a commencé à se pencher sur le mystère lorsque les journaux indiens en ont fait état, quelques jours après la disparition. Il a alors décidé d'établir une «carte de naissance» de Thompson fondée sur des informations glanées dans la presse. Cette carte, correspondant globalement aux standards du genre, se divise en douze catégories ou «entrées», chacune contenant différentes sortes de données combinées parfois de façon surprenante. La cinquième catégorie fournit, par exemple, des renseignements non seulement sur la sagesse des patients (distincte de l'intelligence, qui s'inscrit dans une autre catégorie) mais aussi sur ses éventuels enfants et problèmes sexuels. La nature des informations concernant ces catégories est évidemment déterminée par les différents groupements des étoiles, que les astrologues, ou les «scientifiques de la destinée» sont censés pouvoir déchiffrer.

La huitième catégorie de la carte de Thompson retient particulièrement son attention, puisque l'on y trouve ce que les étoiles ont à raconter sur la mort et la disparition. D'abord, il découvre que Thompson ne doit pas mourir avant d'avoir atteint quatre-vingts ans, ce qui signifie que le disparu est encore en vie, où qu'il se trouve. D'autre part, Balsara voit que Thompson n'a pas disparu volontairement mais qu'il a été enlevé, pour des raisons personnelles plus que politiques.

Il observe également certaines choses déconcertantes, dont l'âge de Thompson : selon les journaux (et selon son acte de naissance), il a soixante-et-un-an au moment de sa disparition. Il est impossible, affirme Balsara, que Thompson ait cet âge et qu'il soit arrivé à la position qu'il occupe : les étoiles dénient qu'il puisse s'être élevé si haut socialement. Son âge réel, selon la carte, tourne autour de soixante-dix ans. Interrogé sur le problème des dates enregistrées officiellement, Balsara répond avec dédain : «Ce genre de documents peut très bien être falsifié».

L'Indien a travaillé sur ces révélations astrologiques pendant plus d'un an, réunissant les coupures de journaux qui traitent de l'affaire et s'informant des opinions que les experts ont exposées. (Hurkos n'était selon lui qu'un «imposteur» ; l'Institut ne pense pas beaucoup de bien de la perception extra-sensorielle et autres innovations occidentales fantaisistes.) Il est alors invité à Singapour pour donner des cours de yoga, domaine dans lequel il est également spécialisé, dans quelques associations dont le Rotary et le Lion's clubs. Il dit lui-même qu'il aime beaucoup exposer ses idées à ce genre de gens parce qu'il trouve là une façon d'atteindre les «intellectuels» et d'élever le niveau de compréhension générale. Dans l'un des cours, il mentionne quelques-unes de ses découvertes sur Thompson, dûment rapportées par les journaux qui continuent d'éditer n'importe quel discours concernant l'affaire.

La version de Balsara reste cependant très approximative. L'une de ses adeptes est Florence Wong, cette Singapourienne aux étranges relations, qui a tenté un an auparavant d'intervenir dans l'affaire. En dépit de l'indifférence générale face à ses entreprises, elle n'a pas renoncé et a conservé un volumineux dossier sur le mystère. L'une de ses chemises porte notamment pour titre «Sheffield le salaud» — Balsara se fait un plaisir de le transmettre à l'intéressé — prouvant à quel point elle avait été mortifiée par le refus de coopérer du nouveau gérant. Évidemment, elle est très intéressée par la position de Balsara et l'invite pour lui faire part de son admiration : on ne doute pas que cette rencontre ait été tout à fait singulière.

Environ une semaine plus tard, Balsara va dévoiler les détails de cette visite à au moins cinq personnes différentes à Bangkok, dont un journaliste absolument pas impliqué dans l'affaire, tout en demandant à chacune d'elles de garder le secret sur ces confidences. Évidemment, tout est rapidement révélé, les lignes générales étant à peu près identiques dans toutes les versions.

Selon Balsara, Florence Wong — qu'il nomme parfois «Madame X» ou «une certaine millionnaire» — l'a amené voir une prostituée qui détient des renseignements sur Thompson. Cette femme est présentée soit comme Chinoise, soit comme Norvégienne (nationalité pour laquelle Florence Wong paraît avoir un petit faible), mais dans les deux cas, elle détient des photos d'elle en compagnie de Thompson ; sur l'un de ces clichés, d'après Balsara, le couple est accompagné d'un Européen qui avait l'air d'un Scandinave. Florence Wong a prévenu que la femme ne dévoilera pas ses preuves sans rien recevoir en échange, elles sont donc monnayées pour la somme de 50 dollars malais. La femme prétend que les photos ont été prises en 1959 ou 1960, et qu'elle a été la maîtresse de Thompson. Balsara lui a alors demandé si elle consentirait à lui confier ces documents mais qu'elle a refusé «les larmes aux yeux», soufflant que malgré son amour pour Thompson et son désir de l'aider, elle tient à sa propre vie. Elle narre alors une étrange histoire.

Le 27 mars de l'année précédente, dit-elle (c'est du moins ce que Balsara rapporte), c'est-à-dire le lendemain de la disparition, quatre homme se présentent chez elle. Elle les a déjà comme clients, mais à sa grande surprise et horreur, ils sont cette fois là accompagnés de son ancien amant, drogué, dans un état quasi inconscient. Ils ne savent pas qu'elle le connaît, et elle évite de manifester le moindre signe qui pourrait la trahir, puisqu'elle avait appris la disparition dans la presse le matin même, et qu'en femme perspicace elle comprend immédiatement qu'il se passe quelque chose de bizarre. Les hommes veulent qu'elle garde Thompson pendant quelques heures, le temps qu'ils s'occupent de leurs — sinistres — affaires. Elle n'a pas les moyens de leur opposer un refus, et fait son possible pour réconforter Thompson en attendant le retour des quatre hommes. C'est une scène directement sortie des films de Hitchcock, à laquelle manque cependant l'heureux dénouement : en effet, ni la police ni les amis de la victime ne viennent à son secours ; elle ne réussit pas à déjouer les intentions des ravisseurs qui réapparaissent et emmènent Thompson avec eux. Cependant, la femme a eu le temps de réfléchir pendant leur absence, et, dès qu'ils ont franchi le seuil, elle appelle l'un de ses amis chauffeur de taxi, lui demandant de les suivre. Celui-ci s'exécute et lui rapporte qu'ils sont allés à Changi (zones où les camps de détention de la Seconde Guerre mondiale sont regroupés) ; là, ils ont embarqué l'otage dans un bâteau, vers une île du large. La femme apprend plus tard qu'il a été amené dans l'une des milliers d'îles indonésiennes.

À certains de ses interlocuteurs, pas à tous cependant, Balsara confie que la femme a gardé les vêtements de Thompson et qu'elle les lui a montrés. Ils correspondent aux rapports des journaux décrivant ce que portait l'Américain le jour de sa disparition. Il ajoute un détail à l'un de ses confidents : il s'est rendu à Changi et a réussi à retrouver l'un des coolies ayant aidé à l'embarquement. Le coolie ne savait pas exactement à quoi il participait, ni quelle était l'identité de Thompson, mais selon Balsara il est parvenu à reconnaître l'Américain parmi un groupe de gens sur une photographie. Apparemment, le fait d'embarquer des étrangers dans les bateaux est une pratique courante à Changi.

Après ces propos, Florence Wong, qui a alors révisé ses positions au sujet des compensations exigées, suggère à Balsara d'aller à Bangkok pour voir s'il peut y obtenir un renseignement quelconque. S'il réussit, ils partageront à parts égales la récompense. Mais avant de quitter Singapour, Balsara a reçu un coup de téléphone, au Raffles Hotel, d'un homme qui lui a demandé s'il souhaite des renseignements à propos de l'affaire Thompson. Répondant affirmativement, la voix réplique : «Laissez tomber cette histoire si vous voulez vous en sortir vivant.» Les menaces semblent avoir été courantes à Singapour, et le message délivré toujours le même.

À Bangkok, les connaissances de Balsara en matière de yoga lui valent quelques invitations, quelques «conférences» devant des adeptes locaux, et sa version provocante de l'enlèvement de Thompson lui permet d'être introduit auprès des personnages proches de l'affaire, tels que Sheffield, Frasche, le général Black et Connie Mangskau. Il visite la demeure de Thompson avec Sheffield, où il médite longuement, allongé sur le lit du disparu ; s'il a alors une révélation, il la garde pour lui. Sa visite s'avère finalement infructueuse pour deux raisons. D'une part, son association avec Florence Wong, personnage suspect et fort controversé, est assez mal vue ; d'autre part, il a lancé des accusations sans aucun fondement, enfin sa version comprend beaucoup d'incohérences. Il finit par quémander de l'argent afin de combler ses dépenses et devant les refus répétés des ses interlocuteurs, il quitte le pays et retourne en Inde.

Au moment de l'épisode Balsara, un membre du Parlement malais soulève le problème de la disparition de Thompson à Kuala Lumpur. Haji Mokhtar bin Haji Ismail demande à connaître le résultat des investigations du gouvernement. Il désire notamment savoir si le ministère des Affaires intérieures peut affirmer que Thompson a été capturé par un organisme international ou par les aborigènes, s'il a été victime d'animaux sauvages, ou s'il s'est tué dans un précipice. Comme on peut s'y attendre, les autorités répondent qu'il n'y a aucune certitude sur quelque point que ce soit. Malgré des enquêtes ininterrompues et approfondies, aucune preuve n'a été découverte pour confirmer ou infirmer les hypothèses avancées.

Chapitre 19

À la fin de l'été 1968, le sort des biens de Thompson est finalement décidé. Quelques articles dans certains journaux et magazines thaïlandais — dans lesquels le ministre de la Culture est cité —, affirment que Thompson a été l'un des chefs d'un groupe qui pillait systématiquement les anciens temples thaïlandais des campagnes. Les autres journaux locaux ne font pas état de ces accusations, pas plus que la presse anglaise de Bangkok, mais un certain nombre de journalistes anglais ou américains en ont vent, et rédigent des papiers laissant supposer que le gouvernement envisage peut-être de revendiquer des droits sur la collection. Il n'y a aucune preuve quant à la véracité de ces affirmations ; si le gouvernement a effectivement eu une telle intention, il l'abandonne manifestement puisque aucune suite n'est donnée à l'affaire.

L'autre problème est la Société du Siam. Quelques-uns des membres du Conseil décident de contester au neveu de Thompson le droit de regard sur les richesses de son oncle, prétextant qu'on n'a toujours pas retrouvé le second testament alors que la Société du Siam possède une copie du premier. Les autres membres s'opposent fermement à cette démarche, mais sont contraints de s'incliner et la plainte suit son cours. Ainsi sollicitée, la cour thaïlandaise conseille aux deux parties un arrangement à l'amiable et au grand soulagement de tous, un accord est conclu lors du séjour de Henri Thompson III à Bangkok, au début du mois de septembre. Les biens de son oncle seront administrés par un comité constitué à la fois par la Société du Siam et par des représentants de la famille de Thompson, jusqu'au moment où l'on sera en mesure de proclamer légalement la mort du disparu. Une fondation devant ensuite être constituée pour entretenir sa maison et sa collection.

Une fois cet accord conclu, un prince thaïlandais, proche de Thompson, le président de la Société du Siam, réunit ses membres pour leur faire part des décisions qui ont été prises. Il semble bouleversé par cet arrangement solennel qui consigne en quelque sorte la mort du disparu. Pour tenter d'alléger l'atmosphère, il prend la parole et rappelle que rien ne prouve que Thompson soit mort et qu'il y a encore de nombreuses raisons de croire qu'«il passerait à nouveau le seuil de cette porte». Tous se retournent alors vers la porte qu'il a désignée, persuadés que la silhouette de Thompson va apparaître dans l'encadrement.

Chapitre 20

Près de trois années se sont écoulées depuis ce tragique après-midi de Pâques. Trente-six mois de recherches entreprises par des professionnels et des amateurs, de perceptions extra-sensorielles et de consultations spirituelles, de théories imaginaires et de bon sens commun, de récompenses généreuses et de publicité extraordinaire. Pourtant, aucun indice fiable n'a été ajouté à ce que nous savions le soir même du drame. Nous ne possédons que des éléments négatifs : nous savons ce qui n'est pas arrivé.

Les autorités malaises chargées de l'affaire n'ont pris parti publiquement pour aucune des nombreuses théories avancées.

Et cependant, selon des sources sûres, elles ont élaboré leur propre explication par déduction. Leur théorie se fonde sur quatre points : (1) si Thompson a été tué ou blessé dans la région qui a été passée au peigne fin par les chercheurs, on aurait trouvé son corps — ou tout du moins les aborigènes auraient découvert une trace du drame ; (2) s'il a été enlevé par un quelconque gang dans le seul but d'obtenir une rançon, une demande aurait été formulée, or rien de tel n'est arrivé ; (3) la réussite d'une telle opération nécessitait une mise en scène que seul un groupe parfaitement organisé pouvait déployer ; (4) le seul groupe qui réponde à ces critères de discipline et dont les motivations ne sont pas financières est l'organisation communiste.

De nombreux Thaïlandais pensent en effet que les communistes sont responsables de la disparition de Thompson, insinuant de plus que la victime était consentante et a participé à son propre enlèvement. La rumeur la plus répandue affirme que Thompson se trouve à Canton. Cette ville est censée être la nouvelle résidence de l'ancien Premier ministre Pridi Panyomyong : Thompson y entretiendrait donc des liens avec cette figure vieillissante de la scène politique thaïlandaise. La nature de ces liens n'est évidemment définie à aucun moment.

Il fallut une vingtaine d'années pour que la première légende Thompson puisse voir le jour, période durant laquelle son étiquette d'homme-d'affaires-américain-établi-en-Asie-du-Sud-Est-et-ayant-réussi se confirma jour après jour. La seconde légende Thompson, quant à elle, s'est épanouie en moins de deux ans. Pendant qu'elle prenait de l'ampleur, — au point qu'elle menaça à un moment d'évincer la première —, la société fondée par lui n'avait cessé de prospérer, désormais sous la direction de Sheffield. Elle continuait d'occuper la première place parmi les sociétés d'exportation de soie implantées à Bangkok. Plusieurs personnes étaient convaincues que l'absence de son créateur entraînerait la chute de la société ; or les ventes ont suivi une courbe régulière d'augmentation depuis l'intervention de Sheffield, réalisant leur record en 1968. Le nom de Thompson, placé sur l'enseigne de la boutique, continue d'accueillir les clients, et personne, pas même Sheffield, n'a jamais envisagé d'occuper son bureau qui est resté jusqu'à présent comme il l'avait laissé.

L'un des seuls mystères de l'affaire qui ait été résolu est celui du testament manquant. Plusieurs personnes décidèrent, peu de temps après la disparition de Thompson, de se mettre à la recherche du document, adoptant dans un premier temps des méthodes logiques d'investigation, puis cédant peu à peu à leur imagination.

On fouilla avec beaucoup d'attention ses papiers personnels qui n'apportèrent aucun indice. L'un des amis de Thompson feuilleta chacun de ses livres dans l'espoir de trouver, caché entre deux pages, le testament tant convoité ; un autre souleva chaque couvercle des nombreuses boîtes de sa collection Bencharong. On se demandait pourquoi Thompson aurait caché ce document avec autant de soin et on pensa alors qu'il l'avait peut-être détruit dans l'attente d'en rédiger un nouveau au nom d'un héritier qui lui conviendrait.

En 1969, à quelques jours du second anniversaire de la disparition, Charles Sheffield dut se replonger dans les plans de sa maison qui nécessitait quelques travaux. Alors qu'il dépliait les tirages, une feuille de papier en tomba. Il s'agissait du testament, dûment signé par Thompson et certifié par Sheffield, ainsi que par deux autres employés, grâce auquel il léguait tous ses biens thaïlandais au fils aîné de son frère. Ces plans avaient été examinés, mais personne n'avait pensé à les déplier pour voir ce qu'ils renfermaient. Cette découverte ne bouleversa pas les projets de la famille Thompson concernant la maison et la collection, mais leur assura simplement le soutien légal qui leur manquait.

La résidence avait été louée à un célibataire américain qui n'y avait presque rien changé ; il avait décidé que la maison continuerait d'être ouverte au public deux matins par semaine et que les fonds ainsi amassés seraient toujours versés à l'École des aveugles. Deux à trois cents touristes par semaine se rendaient ainsi chez Thompson. Il n'y avait eu qu'un seul changement radical en deux ans, changement qui le troublerait s'il devait revenir : un soir, à la fin de l'année 1968, sa chienne préférée que tout le voisinage connaissait, disparut. Elle semblait s'être purement et simplement évanouie dans l'atmosphère elle aussi.

CONCLUSION

S'il y a bien une chose dont cette ville n'a pas besoin, affirma un jour un résident de Bangkok, c'est d'une théorie supplémentaire sur l'affaire Thompson.

Pourtant, la solution du mystère se trouve très certainement parmi les nombreuses explications qui ont été proposées. Si l'on fait abstraction des différentes hypothèses émises par les médiums, n'ayant aucun fondement objectif, les quatre explications les plus courantes sont : 1- Thompson a été capturé par l'un des gangs malais dans l'espoir d'obtenir une rançon ; 2 - il s'est suicidé ; 3 - il a été kidnappé, ou s'est engagé volontairement, par conviction politique ; 4 - il a été victime d'un accident dans la jungle. Ces quatre thèses, qui sont évidemment sujettes à variations, ont l'avantage de se fonder sur les données les plus plausibles. D'un autre côté, elles ne furent étayées d'aucune preuve tangible, et présentent toutes des faiblesses, ce qui les rend facilement attaquables. Certaines comportent des incohérences qui ont été immédiatement perçues ; d'autres ont, dans un premier temps, échappé aux analyses ; d'autres encore ne présentent pas l'intérêt tout d'abord prêté. Deux ans après, il semble intéressant de se pencher plus attentivement sur ces quatre théories, à la lumière des faits connus.

Les autorités malaises chargées de l'affaire ont plus ou moins écarté l'hypothèse d'un enlèvement contre rançon puisque personne ne s'est présenté, malgré la promesse d'immunité. Les ravisseurs ne sont généralement pas des criminels professionnels, et seule une organisation internationale aurait pu être en mesure de procéder à un tel enlèvement. Étant donné l'importance exceptionnelle de la somme offerte (qui est encore effective), il est quasi impossible que le consensus du silence ait été maintenu.

La police est convaincue que quelqu'un aurait fini par vendre la mèche, et il aurait alors suffi d'une faille pour que tout s'écroule.

L'une des hypothèses avancées à propos de l'enlèvement soutient que la victime initialement choisie n'était pas Thompson mais son hôte, le professeur Ling. Cette méprise est intéressante car il y avait effectivement une certaine ressemblance entre les deux hommes, et il n'est pas impossible que les membres de l'opération aient commis une telle erreur. Le professeur Ling était la cible idéale de ces organisations qui choisissent en priorité de riches Chinois, et il n'était pas difficile de deviner qu'il se rendrait aux Highlands à Pâques. Pourtant, une fois encore, il est incompréhensible que les ravisseurs ne se soient pas manifestés après avoir découvert leur méprise.

La théorie de l'enlèvement pêche donc sur deux points : d'une part, le silence qui a suivi la disparition reste inexplicable ; d'autre part, les démarches habituellement suivies par ces groupes locaux, spécialisés dans les kidnappings, ne furent à aucun moment mises en œuvre dans le cas de Thompson. Plus le temps passe, moins cette hypothèse est crédible : ceux qui capturent un homme dans l'espoir d'obtenir une rançon ne s'emmurent pas dans un silence impénétrable, même s'ils ont assassiné leur victime.

Al Koran, le voyant qui s'immisca brièvement dans l'affaire la première semaine, fut le premier à proposer l'hypothèse d'un suicide. Cette idée a immédiatement été réfutée par le docteur Ammundsen, ainsi que par les Ling et Connie Mangskau. Depuis, elle n'a guère gagné de terrain mais un petit groupe persiste à la défendre, affirmant qu'elle n'est pas si aberrante. L'un de ses défenseurs, qui ne la présente pas comme l'explication définitive, mais plutôt comme une idée digne d'être prise en compte, est un homme qui connaissait bien Thompson. L'argument qu'il avance pour l'étayer est le suivant :

« Thompson avait fini par mener une vie routinière, et la routine était une chose qu'il détestait par-dessus tout. Le développement de son entreprise était acquis, il n'avait plus rien à prouver Même les soies imprimées, qu'il avait considérées comme un nouveau défi, étaient devenues une affaire industrielle plus qu'un travail d'artiste, et sa présence n'était plus nécessaire à la bonne marche des opérations. Les questions de rentabilité l'avaient toujours profondément ennuyé, et sa société avait atteint un stade où la rentabilité primait sur le reste. Aussi avait-il mené à terme sa «mission» en Thaïlande ; à soixante-et-un ans, il n'envisageait pas de se relancer dans une expérience du même genre. De plus, l'épisode des cinq têtes l'avait bouleversé, et depuis il posait sur les objets de sa collection un regard légèrement différent. Les accusations dont il avait été victime pouvaient être réitérées à chaque instant, et il n'avait aucune certitude sur le sort qui serait réservé à ses biens. Enfin, il lui fallait reconnaître qu'il s'affaiblissait physiquement, ce qui lui était particulièrement pénible. Il avait eu plusieurs problèmes de santé dans les dernières années, sa salle de bain était remplie de médicaments et même lorsqu'il partait en voyage, il était obligé d'emporter sa «boîte à jungle». Alors que sa résistance physique était pour lui une source de fierté (il détestait être malade), ces signes ont du lui paraître extrêmement pénibles, bien qu'ils soient communs aux hommes de son âge. Il avait d'ailleurs confié à certaines personnes à Bangkok qu'il préférerait une mort rapide et sans douleur plutôt que d'avoir à subir les affres prolongées de la vieillesse. On pouvait donc imaginer que l'association de toutes ces données, exacerbées peut-être par l'épuisement physique, l'aient conduit à céder à une brusque impulsion morbide dans la jungle des Highlands.»

Les impressions des Ling et de Connie Mangskau vont cependant à l'encontre de cette supposition. Durant les trois jours qui ont précédé sa disparition, Thompson leur avait semblé moralement équilibré. Les lettres qu'il avait envoyées à sa famille dans les mois précédents ne recélaient aucun signe de dépression, et ses amis n'avaient rien remarqué d'alarmant dans son comportement avant son départ. Thompson n'était pas du genre à dissimuler ses sentiments — il avait plutôt tendance à les exprimer franchement — et ses amis les plus intimes assurent qu'ils auraient remarqué quelque chose, s'il avait été sujet à une certaine «mélancolie». Selon le docteur Ammundsen, la santé de Thompson ne prêtait globalement pas à inquiétude. Il avait effectivement quelques problèmes, mais était encore en mesure de mener une vie extraordinairement active et ses crises hépatiques pouvaient être supprimées grâce à une opération relativement bénigne, à laquelle il avait d'ailleurs accepté de se soumettre dès son retour des Highlands. Le docteur connaissait Thompson en tant que patient mais aussi en tant qu'ami, et il n'accorda absolument aucun crédit à l'hypothèse du suicide, même provoqué par une subite impulsion. On peut citer ici cette phrase d'un membre de sa famille qui déclarait calmement : «S'il avait songé au suicide, il n'aurait pas attenté à ses jours d'une façon si pénible pour son entourage. Ce n'était pas son genre.»

Si le silence est le point faible de la thèse de l'enlèvement contre rançon, c'est, en revanche, le point sur lequel s'appuie la théorie selon laquelle Thompson aurait été kidnappé pour des raisons politiques. Les motivations financières règnent en maître sur les criminels ordinaires, mais comme chacun le sait — ou le croit — les révolutionnaires ne leur accordent qu'une place secondaire. Les Malais, ainsi que certains Thaïlandais, pensent que la disparition de Thompson est le fait des communistes. Cette position est également celle d'un nombre assez considérable de ses amis *farang*. Cette opinion est si largement répandue qu'on ne la remet presque plus en question : on ne cherche pas à en découvrir les faiblesses comme on l'a pourtant fait avec les nombreuses autres hypothèses proposées.

La théorie générale — qui a donné lieu a suffisamment de variations pour fournir pendant des années la matière nécessaire à un écrivain de romans à suspens — maintient que ce fut une opération très soigneusement organisée, à laquelle Thompson se serait peut-être prêté de bonne grâce. Sa disparition, volontaire ou forcée, est généralement reliée à ses activités politiques en Thaïlande : son appartenance à l'OSS ou son engagement supposé dans la CIA, son amitié admirative pour l'ex-Premier ministre Pridi, et son association avec les dissidents nationalistes du Vietnam et du Laos à la fin des années quarante.

Les explications étaient multiples : Thompson était peut-être toujours attaché à ses fonctions d'agent secret ; ses anciens amis avaient éventuellement eu besoin de lui à ce moment-là ; il représentait peut-être une menace politique qui nécessitait son élimination ; ou enfin, lui-même avait peut-être estimé qu'il avait un rôle politique à tenir. Malgré la ténacité, pour ne pas dire la véhémence, avec laquelle la théorie politique a été défendue, un examen attentif permet de constater qu'elle comporte également de nombreuses failles. On n'a, par exemple, jamais tenté de savoir pourquoi ses ravisseurs avaient choisi d'agir lors du séjour de Thompson aux Cameron Highlands.

Moonlight Cottage est situé au sommet d'une colline et au bout d'une route que la chambre des Ling domine ; une quelconque agitation n'aurait par conséquent pas pu échapper à ces derniers. De plus, cette route est largement empruntée, que ce soit par les domestiques des maisons avoisinantes, ceux de *Starlight Cottage*, par exemple, ou par les nombreux randonneurs. Peter Hurkos suggéra que les domestiques des Ling avaient peut-être pris part aux opérations, mais l'enquête menée par la police infirme une telle supposition. Pourquoi avoir choisi ce lieu alors qu'un enlèvement ne présentait aucun risque ni à Bangkok, ni à Singapour, où la foule et la proximité de la mer offrent tant de facilités. Thompson se trouvait fréquemment seul à Bangkok, ce qui n'arriva que deux fois aux Highlands. Supposons qu'il n'ait pas eu envie d'aller se promener ? Imaginons que quelqu'un se soit trouvé sur la route au moment de l'enlèvement ? Supposons que les Ling n'aient pas voulu faire une sieste ? Il est difficile de concevoir que le gang, avec toute l'habileté et la prudence que lui prêtent les autorités, ait délibérément choisi d'encourir des risques aussi énormes. Il existe en Asie bien d'autres moyens moins aléatoires ou compromettants pour disposer du sort de quelqu'un.

La densité de la jungle des Highlands et les dangers qu'elle recèle sont les seuls éléments qui justifient cette thèse : une disparition dans un tel environnement serait mise sur le compte d'un accident plutôt que sur celui d'une action politique. On mesure aujourd'hui à quel point les ravisseurs se sont fourvoyés, s'ils ont misé sur une tel postulat.

Thompson a été suspecté, notamment à Bangkok, d'avoir coopéré à son propre enlèvement et de s'être rendu aux Highlands dans cette perspective. Mais cette hypothèse ne résout en rien les questions soulevées précédemment : comment aurait-il pu savoir qu'il serait absolument seul, qu'il n'y aurait personne sur la route, etc. ? N'aurait-il pas été plus simple de disparaître de la chambre de son hôtel à Singapour le lendemain, ou à Penang deux jours auparavant ?

Certains voient dans son désir d'écourter le pique-nique pour rentrer à *Moonlight Cottage* la preuve de sa complicité (hypothèse qui fut renforcée par le fait qu'il n'ait pas fait la sieste après avoir déclaré être fatigué). Ne devait-on pas voir là le désir de ne pas manquer un rendez-vous ? Selon les proches de Thompson, on ne pouvait tirer aucune conclusion : il préférait se promener seul, ou à la rigueur accompagné de quelqu'un capable de suivre son rythme et partageant sa curiosité pour l'exploration. Il aimait beaucoup les Ling et Connie Mangskau, mais ils ne faisaient pas partie de ses compagnons d'excursion ; les femmes n'aimaient pas marcher et le professeur Ling, septuagénaire, s'était blessé la jambe la veille, ce qui l'empêchait d'emprunter les sentiers périlleux où il aimait tout particulièrement s'engager. Sa volonté de rentrer à *Moonlight Cottage* cette après-midi-là peut donc être mise sur le compte d'un simple désir de profiter de son dernier jour aux Highlands pour aller marcher en solitaire, comme lors de ses deux précédents séjours.

Il y a un autre argument, plus convaincant encore, à opposer à la thèse de la complicité de Thompson dans son propre enlèvement : c'est la négligence qui a présidé à son voyage en Malaisie. Comment aurait-il pu, s'il avait minutieusement organisé sa disparition, oublier de remplir les formalités nécessaires à son voyage, comme le vaccin contre le choléra ou la taxe thaïlandaise de dédouanage, et mettre ainsi tout le projet en péril ? De plus, il se trouve qu'il n'avait pas été l'instigateur du voyage, c'est Connie Mangskau qui, à la demande des Ling, lui avait suggéré ce séjour. Il avait accepté parce qu'il devait se rendre à Singapour pour y rencontrer Edward Pollitz.

L'inévitable recherche d'un mobile représente l'écueil où se brisent toutes les théories de l'enlèvement politique. Elles se perdent dès cet instant dans le flou ou l'extravagant, et même Peter Hurkos, celui pourtant qui leur a donné la plus grande publicité, n'a pas réussi à fournir des explications valables lors de sa première intervention dans l'affaire. Ce n'est qu'au moment de l'assassinat de Katherine Wood qu'il a commencé à entrevoir un mobile, mais de façon très imprécise. (Il avait suggéré que les communistes essayaient de «faire parler» Thompson, mais parler de quoi ?)

Le fait que Thompson ait appartenu à la CIA était solidement ancré dans les esprits ; le disparu aurait été enlevé parce qu'il détenait certains secrets. Or, Thompson aurait pu être un agent secret (n'importe qui, comme le prouve la littérature contemporaine, est susceptible d'être agent secret) ; n'importe quel vieux résident de Bangkok est capable de fournir une liste précise des personnes dont on sait, ou dont on soupçonne, qu'elles appartiennent à des organisations de ce genre. Le doute concernant Thompson demeure, même si cette proposition a été formellement démentie en privé par quelques officiels américains haut placés. S'il était effectivement agent secret, il n'a pas pu avoir un rôle très actif puisqu'il passait le plus clair de son temps à s'occuper de son entreprise et à recevoir des visiteurs, et il est fort improbable qu'il ait détenu plus de renseignements secrets que la douzaine d'autres agents à Bangkok dont l'enlèvement ou l'élimination aurait sans doute été plus utile.

Thompson aimait beaucoup évoquer son passé à l'OSS et il avait gardé des relations avec plusieurs de ses anciens compagnons de bataillon. Mais ce fait n'est probablement pas aussi significatif que certains ont bien voulu le croire, et tout le monde sait que les soldats ont tendance à se remémorer leur passé avec une sorte de nostalgie. Lors de son arrivée en Thaïlande, Thompson, grâce à ses amis vietnamiens et laotiens, avait déjà saisi toute l'ampleur des différents problèmes politiques qui déchiraient l'Asie du Sud-Est. De plus, il avait été pendant un temps conseiller de l'ambassadeur américain, et avait sans doute travaillé dans le secteur non militaire de l'OSS (la future CIA). Il s'était senti personnellement concerné par les luttes qui se déroulaient alors, et plus particulièrement par celles menées contre les colonialistes français. Mais cet engagement remontait à plus de vingt ans. Depuis, la situation en Asie et Thompson lui-même, avaient considérablement changé. Il avait été pris dans le tourbillon de son entreprise, et avait très certainement perdu une bonne partie de ses illusions romantiques quant à la situation politique de la région. Il faisait fréquemment référence à ses activités politiques des années quarante, surtout lorsque de vieux amis se trouvaient à Bangkok, mais il ne semblait pas se passionner pour la situation actuelle. L'un de ses amis a rapporté qu'il n'avait pas pris parti à propos de la guerre du Vietnam, ne faisant presque aucun commentaire. Il paraissait nettement plus intéressé par ses projets de soies imprimées ou par les objets dont il voulait enrichir sa collection.

Les espions les plus connus — ou les plus suspectés — exercent toujours des métiers mal définis qui leur laissent beaucoup de temps libre pour partir en «vacances». Si la Thai Silk Company représentait une couverture pour Thompson, c'était certainement la couverture la plus épuisante de toute l'histoire de l'espionnage.

Il faut enfin prendre en compte le personnage de l'ancien Premier ministre Pridi, dont le nom revient sans cesse. On sait que Pridi vit actuellement en Chine, très probablement à Canton où il s'est installé peu après le coup d'État avorté de 1949. Il est à présent septuagénaire et semble être en assez mauvaise santé. Il continue cependant de représenter une menace aux yeux d'une grande partie de la population thaïlandaise, et la rumeur lui prête une large responsabilité dans les activités communistes qui se déroulent autour des zones frontalières du pays, notamment au nord-est et à l'extrême sud, près de la frontière malaise. La femme de Pridi a été autorisée à revenir au moins une fois en Thaïlande depuis l'exil de son mari, mais les tentatives pour lui permettre d'y vivre légalement ont finalement été suspendues. Pridi gardait probablement quelques adeptes à Bangkok, mais ils ne représentaient qu'un faible poids face à la masse de ses détracteurs. Son séjour prolongé en Chine communiste avait joué contre lui, on continuait de le soupçonner d'avoir pris part à la mort du roi, mystère qui n'a toujours pas été éclairci. S'il tentait de revenir sur la scène politique, il devrait agir sous les auspices communistes, et il n'y avait aucune chance pour qu'il fût bien accueilli par la population.

Hurkos et McGowan, pour ne citer qu'eux, ont établi un rapport entre Pridi et la disparition, et il n'est pas rare d'entendre des remarques du type «Thompson ? Mais il est à Canton avec Pridi, non ?». Même sans l'associer directement à Pridi, les rumeurs ont d'office situé Thompson en Chine ; c'est ainsi qu'en février 1969, la rubrique mondaine du *Women's Wear Daily* annonçait : «Jim Thompson, le roi de la soie, disparu dans la jungle il y a deux ans, a été vu à Pékin ; il y fonde sans doute une industrie de soie chinoise.»

On est en droit de se demander pour quelle raison une telle corrélation a été faite. Évidemment, le fait que Thompson et Pridi aient été liés par le passé a très certainement joué un rôle prépondérant. On soutenait qu'il étaient très amis, et ils le furent effectivement, bien que certaines nuances aient pu échapper aux non avertis ; au moment où Thompson rencontra Pridi, ce dernier occupait les fonctions de Premier ministre, mais son implication dans l'un des plus grands scandales de l'histoire du pays le fit déchoir de son rang, et, en deux ans (pendant lesquels Thompson fut très souvent en voyage), il fut supplanté. On est amené à penser que Thompson et Pridi manquèrent de temps pour construire une réelle amitié. Thompson avait certainement une grande admiration pour Pridi lorsqu'il arriva en Thaïlande ; la quasi-totalité de tous les membres américains et anglais de l'OSS portaient un regard admiratif sur celui qui était presque devenu un symbole, tous étaient prêts à tolérer de lui bien plus qu'ils n'auraient accepté de son prédécesseur (et de son successeur), Pibul. Pridi leur témoignait en retour la même affection, et pendant la brève période durant laquelle il exerça son pouvoir, juste après la guerre, les ex-agents de l'OSS bénéficièrent de plusieurs privilèges : ils avaient accès aux fonctions administratives, on avait fréquemment recours à leur avis sur certains problèmes diplomatiques, ils avaient le sentiment que «leur camp» avait emporté la victoire. La mort du roi et le retour de Pibul mit un terme à tout cela. Pibul était «de l'autre camp», c'était le collaborateur de la période de guerre.

Ainsi, Thompson et ses amis se sentirent personnellement vaincus lorsqu'il revint au pouvoir, et les excès commis après le coup d'État de 1949 ne contribuèrent pas à affaiblir ce sentiment.

Bien que l'admiration de Thompson pour Pridi ait été profonde et durable, il serait excessif d'en déduire que l'Américain désirait ardemment le retour de l'ex-Premier ministre ; les intimes de Thompson ne se souviennent pas l'avoir entendu formuler un tel vœu, il ne parlait guère de lui, hormis lorsqu'il évoquait son passé politique.

En imaginant que Thompson souhaitait voir Pridi revenir au pouvoir, on peut se demander en quoi sa disparition ou son enlèvement aurait été utile dans ce cas. En 1967, Thompson n'avait qu'une influence politique minime en Thaïlande. Quelle que fut l'importance de sa réussite professionnelle, le simple fait qu'il était étranger aurait pesé lourdement contre lui, s'il avait tenté de jouer un rôle dans ce domaine. Il n'était pas communiste, tout le monde le savait. De quelle manière aurait-il donc pu être utile à Pridi ou aux Chinois ?

La thèse politique n'est donc pas aussi solide qu'on a bien voulu le penser. Elle n'explique en rien pourquoi les Cameron Highlands auraient été choisis pour la disparition, ni pourquoi Thompson aurait représenté un instrument intéressant ou une menace de taille dans le domaine politique. Il est évidemment possible que des réponses soient apportées, prouvant définitivement la véracité de ces affirmations, mais cette éventualité joue, et exactement dans les mêmes proportions, pour toutes les hypothèses avancées.

Restent les premières explications, celles avançant que Thompson aurait été victime d'un accident ou qu'il se serait égaré. Il est impossible d'établir une liste exhaustive des périls encourus dans la jungle, et on sait combien il est facile de se perdre dans cette nature hostile.

Ces deux hypothèses ont été rejetées avec tant de conviction à la fois par les experts et par les médiums, tels Hurkos, que l'opinion s'est finalement persuadée que Thompson ne pouvait pas être dans la jungle. Les gens qui n'ont pas une connaissance profonde de l'affaire ont donc tendance à partir de ce postulat comme s'il s'agissait d'un fait établi, ce qui les conduit tout naturellement à se cantonner aux explications politiques. Un journaliste envoyé à Bangkok pour y faire un reportage sur la disparition de l'Américain avait ainsi eu le sentiment que la jungle des Highlands se prêtait à des recherches extrêmement précises, à des explorations minutieuses, ce qui signifiait, étant donné le résultat des battues, qu'on était certain que Thompson ne s'y trouvait pas. Le professeur Ammundsen lui expliqua cependant combien il était difficile d'examiner de fond en comble ne fut-ce que quelques mètres carrés de ce terrain. Ainsi, pour ceux qui l'ignorent, la description suivante peut se révéler instructive. Elle provient d'un livre de Spencer Chapman : *La Jungle est neutre*, et fait référence à l'une des excursions de l'auteur, accompagné alors de quelques compagnons, dans une zone proche des Highlands :

«J'allais à présent apprendre que la marche dans ces régions montagneuses représente l'une des choses les plus ardues au monde. Il est tout d'abord quasi impossible de se situer sur la carte : on ne voit pas à quelques centaines de mètres devant soi, et au sommet d'une colline vous n'êtes pas plus avancé car toutes les collines se ressemblent. Il n'y a aucune indication, et même s'il y en avait on ne pourrait pas les voir. À cela s'ajoute la difficulté de juger les distances : il nous a fallu plus d'une semaine pour comprendre qu'en fait, nous ne parcourions qu'un kilomètre en huit heures alors que l'énergie dépensée nous incitait à penser que nous en couvrions trois ou quatre. L'obstacle majeur réside a priori dans l'impossibilité de garder un cap : notre marche fut constamment interrompue par les marais, les fourrés, les précipices, les cours d'eau... Il était impossible de suivre une crête à moins qu'elle ne fût extrêmement escarpée et clairement signalée...

Les choses allèrent de mal en pis : nous escaladions parfois des pentes si abruptes qu'il nous fallait nous accrocher aux plantes pour monter, et dans les descentes nous en étions réduits à nous laisser glisser de branche en branche. Nous avions alors le sentiment de nous heurter à toutes les sortes de fourrés imaginables — bambous, cannes de jonc, *atap*, broussailles et buissons d'épines. Le pire, c'était ces vallons de blocs de granit traîtreusement recouverts de mousse et de racines, de sorte qu'un faux pas pouvait nous faire chuter dans le fleuve. Nos sacs nous paraissaient de plus en plus lourds et nos mitraillettes finissaient par nous rendre fous. La pluie tombait sans discontinuer, presque tous les après-midi et durant la plus grande partie de la nuit, nous étions donc trempés ; nos vêtements mouillés nous râclaient la peau et chaque nouveau départ, le matin, était un nouveau supplice. Bien que mes bottes n'aient pas subi de dommages pendant la traversée et que je n'ai eu aucune ampoule, les chaussures des autres se mirent à pourrir et à la fin du voyage, elles étaient presque entièrement désintégrées».

Chapman et ses compagnons emportaient des provisions, des armes, des cartes, une boussole et des vêtements adaptés à la jungle. Thompson était seul, vêtu d'une chemise à manches courtes, d'un pantalon léger, et n'avait bien évidemment ni nourriture, ni allumettes, ni équipement de survie.

Si Thompson était prisonnier de la jungle, on suppose que les chercheurs ou les aborigènes auraient découvert son corps, ou simplement des traces de son passage. Les recherches ont été poussées aussi loin qu'il était alors humainement possible de le faire. Cependant, des résultats négatifs ne prouvent rien, et il est surprenant qu'on ait tant insisté sur le côté définitif des battues, alors qu'on en connaissait les difficultés et les limites. Il n'est pas impossible que les officiels chargés de l'affaire n'aient pas pu admettre leur échec et que les autorités des Highlands n'aient pas voulu voir leur image ternie aux yeux des touristes. Après tout, il n'y a eu aucun autre cas de marcheur définitivement disparu aux Highlands (on ne peut prendre en compte l'époque troublée de l'«Emergency»), et les hypothèses politiques offraient pour ces deux groupes d'officiels une tentation facile.

Certains amis de Thompson ont pu préférer souscrire aux thèses spectaculaires et tragiques dans le seul but de ne pas avoir à accepter celle, plus banale, de l'accident. Thompson n'était pas seulement un homme remarquable, il représentait également une légende, et les légendes engendrent bien souvent d'autres légendes, lorsqu'un mystère s'y greffe. Dans les semaines qui suivirent la disparition, les amis de Thompson tentèrent de se remémorer un détail laissant entrevoir un heureux dénouement, et ce qu'ils découvrirent servit à ériger les fondements de la seconde légende. Connie Mangskau se souvint par exemple de l'excursion dans l'Himalaya, qui fut complètement transformée par certains journalistes et certaines rumeurs. On en déduisit que Thompson n'était pas le genre d'homme à s'égarer ou à avoir un accident. D'autres se rappelèrent le programme de survie de l'OSS, et bien que ces faits aient eu lieu plus de vingt ans auparavant, l'épisode joua un rôle considérable dans les esprits : on affirma alors que Thomspon était en excellente condition physique, et qu'il échapperait au danger en 1967 comme il l'avait fait en 1945. Des reconstitutions imprécises de son passé politique, associées aux rumeurs, ont également autorisé l'élaboration de théories pour ceux qui refusaient de croire à l'accident. Avec le temps, les éléments qui parlaient le plus en faveur de l'accident ont été négligés, et la certitude que Thompson ne s'était en réalité jamais rendu dans la jungle a pris de plus en plus de poids.

La position de Richard Noone confirmait cette hypothèse : il était fermement convaincu que Thompson ne se trouvait pas aux Highlands. N'ayant jamais recontré Thompson, il pouvait donc orienter ses recherches selon un point de vue plus objectif. Il connaissait parfaitement la région et ses aborigènes. Il fouilla la jungle pendant deux nuits et trois jours simplement, mais il en ressortit persuadé que Thompson ne s'y trouvait pas. Il ne modifia jamais son opinion.

Il s'appuyait sur deux faits pour l'étayer : d'une part, personne ne s'était jamais perdu aux Cameron Highlands ; d'autre part, les aborigènes n'avaient aperçu aucune trace de Thompson. Ce deuxième argument a plus de poids ; en effet, les aborigènes sont aussi à leur aise dans la jungle que les animaux sauvages et leurs yeux perçants relèvent le moindre détail. Noone avait été témoin de cette habileté pendant des années : il lui semblait impossible que le moindre signe de Thompson leur ait échappé. La disparition d'Elisabeth Laing et de ses étudiants au début de l'année 1968 le conforta dans son jugement : ces derniers ne furent pas découverts par des chercheurs officiels mais par un groupe d'aborigènes.

On assura que si les aborigènes avaient été responsables, accidentellement ou volontairement, de la mort de Thompson, ils ne l'auraient probablement pas avoué, même à Richard Noone. Ils avaient, en effet, gardé le silence pendant plusieurs années sur le sort de son frère. Noone refusait catégoriquement cette interprétation. Il était convaincu que les aborigènes se seraient confiés à lui s'ils avaient su quelque chose, et pensait, de plus, que si Thompson avait tenté de retrouver son chemin, il aurait laissé des traces de son passage, traces qu'un œil exercé aurait remarquées.

La thèse de l'accident fut donc repoussée pour plusieurs raisons : on n'avait trouvé AUCUNE trace de Tompson, AUCUN promeneur n'avait jamais disparu aux Cameron Highlands et les aborigènes affirmaient ne RIEN savoir. Si ces arguments peuvent paraître légers lorsqu'il s'agit de définir les causes de la disparition d'un homme, ils n'en sont pas moins suffisamment crédibles pour être pris au sérieux. Aussi, le doute quant au bien-fondé des nombreuses théories émises sur cette disparition est-il à l'origine de la seconde légende Thompson.

À l'approche du troisième anniversaire du drame, le mystère demeure entier. Aucune des explications avancées n'a été accompagnée de preuves tangibles et tout ce que l'on peut en dire est qu'elles restent, d'une certaine façon, toutes possibles.

La première légende Thompson laisse derrière elle une multitude de possibilités pouvant expliquer le drame des Cameron Highlands.

POSTFACE

Alors que j'ai essayé de rendre compte le plus précisément possible de la carrière et de la disparition de Thompson, les lecteurs se seront sans doute rendus compte que mon récit n'est pas des plus objectifs, le héros de mon ouvrage étant un ami. Ce n'était pas une amitié de longue date, pas plus qu'une relation intime ; pas suffisamment intime pour justifier l'intrusion du «je» dans la narration car je ne fus que spectateur des événements décrits. Quoi qu'il en soit, j'aimerais en guise de conclusion faire un bref compte rendu de mes propres souvenirs sur Jim Thompson.

J'arrivai à Bangkok au printemps 1959. J'étais à l'époque scénariste pour une société de films documentaires, profession pour laquelle je n'avais d'autre qualification que mon brûlant désir de découvrir l'Asie. Le directeur de cette société est mort aujourd'hui et il n'est en aucun cas excessif d'affirmer que la production de films documentaires lui était aussi étrangère qu'à moi. Son accession au poste de directeur général est restée un mystère à mes yeux.

En plus de mon rôle de scénariste, j'assumais d'autres fonctions pour cette société. Je devais entre autres m'occuper d'une campagne publicitaire, ce qui m'entraîna dans différentes provinces pour effectuer des repérages et établir des contacts avec la population locale. Cette aventure eut plusieurs avantages : elle me détournait de l'écriture de scénario et m'éloignait de mon patron qui me terrorisait. Parallèlement, je fus entièrement livré à moi-même : les personnes sollicitées pour leur soutien fuyaient au seul nom de mon employeur. En effet, les lettres de recommandation qu'il me remit n'étaient qu'une série de requêtes : il sommait ses «interlocuteurs» de me trouver un endroit bon marché pour me loger, de me prêter de l'argent en cas de besoin... Lorsque j'arrivai à Bangkok, je connaissais l'effet regrettable de ces lettres : lors de mon séjour à Hong-Kong, j'avais été tout bonnement expulsé d'un bureau à la seule présentation de la missive de mon patron.

Il y avait cependant à mes yeux des lieux qui faisaient oublier l'humiliation, la pauvreté, et les problèmes que posent la vie dans un pays dont la langue vous est inconnue, et Bangkok en faisait partie. Cette fois-ci, la chance fut de mon côté : parmi les lettres que l'on m'avait remises, j'eus le flair d'en présenter deux qui débouchèrent sur des amitiés solides ; je rencontrai ainsi Darrell Berrigan, alors rédacteur en chef du *Bangkok World*, et Jim Thompson.

Jim partageait l'antipathie générale que mon patron suscitait, ce que je ne sus que bien plus tard. Je me rendis à sa boutique sur Suriwong Road, et après avoir pris connaissance de ma lettre de recommandation, il m'invita à dîner chez lui le soir même, dans sa petite maison située en face du parc Lumpini — j'allais moi aussi occuper cette maison quelques temps plus tard, lors de mon installation en Thaïlande. Sa maison était entièrement consacrée à sa collection et, plutôt que par une impression de désordre, on était envahi par un sentiment de richesse et d'amour de l'Orient. J'arrivai d'un séjour de six mois à Manille, ville très américanisée où je n'avais pas été vraiment dépaysé. Les meubles de Thompson, le *klong* âcre au pied du salon de sa demeure, le tintement lointain des clochettes des *pedicabs* de l'autre côté du parc, me plongèrent dans un univers inconnu et merveilleux.

Deux superbes jeunes femmes de New York étaient de la fête ce soir-là et Thompson nous divertit de ses histoires sur son entreprise et sur sa vie en Thaïlande. Plus tard, je me rendis compte qu'il puisait ces anecdotes dans une réserve qu'il consacrait au flot continu de visiteurs qu'il conviait à dîner chez lui ; cependant il n'y avait rien de mécanique dans sa façon de raconter ses souvenirs et son enthousiasme, qu'il cherchait à faire partager, semblait sincère. Après cette première soirée passée en sa compagnie, je tentai de trouver un moyen pour venir m'installer dans cette merveilleuse ville. Je ne fus pas le seul car, quelque temps plus tard, l'une des dames qui participait à ce même dîner vint passer quelques années à Bangkok : elle en avait fait l'une des conditions de son mariage avec un homme très riche, ami lui aussi de Thompson.

Je vis Jim régulièrement pendant le reste de mon séjour. Il me signala un hôtel bon marché (qui s'avéra être un lupanar inquiétant), encaissa mes chèques en mon nom, puisque je n'avais pas de compte bancaire, et répondit à toutes les exigences de mon employeur. Mais il fit plus encore : il me fit visiter le village des tisserands, m'obtint une adhésion temporaire au Club sportif royal de Bangkok pour me permettre d'aller nager à l'heure du déjeuner, me présenta à de nombreuses personnes sympathiques et précieuses, et m'invita à la fabuleuse pendaison de crémaillère qu'il organisa pour célébrer sa maison thaïlandaise, dans laquelle il avait emménagé une semaine avant mon départ. Lorsque je considère aujourd'hui l'accueil que je réserve aux personnes de passage à Bangkok, et plus particulièrement à celles qui me sont recommandées par des personnes que je n'aime pas, je m'étonne encore de l'hospitalité queThompson dispensait comme s'il s'était agi de quelque chose de naturel et d'agréable (alors que cela ne l'est pas toujours, je peux en témoigner : le simple fait de traverser Bangkok à la saison chaude peut se transformer en cauchemar, et le faire pour un parfait étranger est le signe d'une extrême générosité). Je ne fus pas le seul bénéficiaire de ces attentions : pendant le mois que je passai en Thaïlande, environ une demi-douzaine d'amis de ses amis se présentèrent chez lui et furent accueillis avec le même empressement. Jim aimait les gens, et si vous n'étiez ni ennuyeux ni désagréable, vous étiez reçu comme le plus important des visiteurs. Lorsque les touristes se rendant en Thaïlande commencèrent à se compter par milliers et non plus par centaines, et que sa santé physique déclina, la chaleur de son accueil s'altéra. Il le fit parfois savoir, se plaignant d'avoir à recevoir, soirée après soirée, des gens qui repartiraient le lendemain et qui vraisemblablement ne prendraient même pas la peine de lui envoyer un mot de remerciement (alors qu'en général, ils s'empressaient de clamer haut et fort qu'ils avaient été reçus par Thompson).

Trois mois après sa pendaison de crémaillère, j'étais de retour à New York. J'avais toujours pensé, comme le héros de Dos Passos dans *Manhattan Transfer*, que cette ville était le centre du monde et qu'une fois marqué de son sceau, on ne pouvait plus vivre ailleurs. À mon retour, je sentis pourtant que je pouvais m'en séparer et je savais précisément où je voulais aller. Un jour, assis à mon bureau, je me surpris à griffonner des esquisses que j'assimilais immédiatement à des plans de maisons de style thaïlandais. Je pris à partir de ce moment-là l'habitude de me rendre à Chinatown tous les dimanches.

Je reçus deux ou trois lettres de Jim dans lesquelles il me faisait une offre digne de sa générosité : le magazine *House Beautiful* avait chargé un photographe de faire un reportage sur sa nouvelle demeure ; Thompson étant absent à ce moment-là, les rédacteurs n'avaient pu obtenir un texte d'accompagnement. Le directeur du magazine avait alors écrit à Thompson pour obtenir les informations nécessaires. En reponse, Jim leur suggéra de me confier la rédaction de l'article, le premier d'une longue série à paraître sur le sujet. Peu avant la sortie du magazine, je pris une décision que je n'ai jamais regrettée : j'achetai un aller simple pour Bangkok sur un cargo hollandais.

Entre 1960 et sa disparition — sept ans plus tard — je vis Jim régulièrement, au Club, à sa boutique ou chez lui lors de dîners. À mon arrivée, je séjournai quelque temps dans son ancienne maison que je partageai avec Charles Sheffield, ce qui nous rapprocha plus encore. Je ne faisais pas partie de son cercle restreint d'amis intimes — cercle bien plus restreint que n'ont pu le penser certains — mais je pus cependant découvrir une facette cachée de sa personnalité.

J'eus en effet l'occasion d'observer ce que ses amis appelaient son «côté difficile» qui s'exprimait essentiellement par un entêtement, parfois démesuré et souvent inattendu. Alors qu'il pouvait faire preuve d'une extrême souplesse d'esprit, notamment face à l'impénétrable bureaucratie asiatique, il s'emportait pour des détails et ne modifiait pas son jugement, même lorsque son erreur lui avait été démontrée. Il employa, par exemple, un jeune Américain dans sa société à un salaire dérisoire étant donné la hausse du coût de la vie à Bangkok. Un couple de ses amis, parmi les plus anciens, prirent parti pour le jeune homme qui avait demandé une augmentation ; Thompson bannit alors le couple du cercle de ses amis intimes pendant plus de quinze ans.

De même, sa franchise pouvait parfois aller jusqu'à un manque surprenant de délicatesse, ce qui lui valut plusieurs ennemis. En général, Thompson ne faisait que répondre honnêtement à des questions qui ne cherchaient qu'à le flatter. En Asie, la tradition veut que l'on ne critique jamais personne en face, et souvent la franchise relève d'une grave faute de goût que l'on vous pardonne rarement. Je ne pense pas que Jim ait été inconscient de l'effet de sa franchise : il était lui-même trop sensible à la critique pour être si obtus ; de plus, les victimes de son manque de tact se mettaient généralement elles-mêmes dans l'embarras. Thompson ne s'en est jamais pris aux personnes fragiles et humbles.

Je découvris, lors de mes recherches préliminaires à la rédaction de cet ouvrage, que Thompson avait été victime d'une grande injustice : de nombreuses personnes le considéraient comme snob. On l'accusa de n'ouvrir les portes de sa maison qu'à ceux qui avaient de l'argent ou des titres. En raison de ma propre expérience, cette affirmation me surprit dans un premier temps, mais après réflexion, je pourrais cependant accorder une part de vérité à cette critique. Il est certain que Thompson était attiré par les honneurs et le faste, et quelques-uns de ses amis n'avaient d'intéressant que l'importance de leurs comptes en banque. Cependant certains semblent oublier que Thompson fut entouré de riches pendant son enfance, alors que sa famille, qui ne mourrait pas de faim pour autant, ne l'était pas. Il comprenait les riches, connaissait leur langage et avait plus facilement tendance à tolérer leurs faiblesses intellectuelles qu'un autre. L'argument le plus décisif niant le snobisme de Thompson est le temps et l'attention qu'il accordait aux moins fortunés. S'il était fasciné par les riches, il était accueillant avec les plus défavorisés, surtout lorsque ces derniers lui semblaient intéressants. Il est important de noter que parmi ses amis les plus intimes à Bangkok, peu, pour ne pas dire aucun, auraient pu s'attirer les faveurs d'un vrai snob. Une propension à l'entêtement, à la franchise parfois déplacée, une légère teinte de snobisme, ce sont là les seuls défauts que je peux lui reconnaître, qui semblent bien pâles à côté de qualités telles que la générosité, la prévenance, la courtoisie et l'attention. Bangkok devenait plus passionnant grâce à la présence de Thompson ; depuis sa disparition il y a un vide que personne n'a encore réussi à combler.

Le jour de sa disparition, je me rendis comme beaucoup d'autres à sa boutique, où pour se rassurer ses amis s'étaient réunis dans l'attente de nouvelles des Cameron Highlands. Chacun tentait de se souvenir des derniers moments qu'il avait passé en sa compagnie, comme si le souvenir du passé pourrait rendre plus compréhensible le présent. Je vis Thompson pour la dernière fois une semaine environ avant son départ pour la Malaisie. Je travaillais alors sur le texte et les légendes de l'ouvrage qui devait paraître sur sa maison et sa collection. Les photographies, que je trouvais merveilleuses, avaient été prises par Brian Brake. Les premiers clichés en couleurs étaient arrivés quelques jours auparavant. Jim fut enchanté lorsqu'il les vit : c'était la première fois que le procédé d'impression utilisé avait réussi à respecter les teintes originales de la maison. Il était impatient d'envoyer le tout à l'imprimeur de Tokyo pour que les livres soient prêts avant la fin de l'année. N'étant pas un spécialiste de l'art asiatique, je voulais obtenir son accord, avant son voyage d'une dizaine de jours, sur certaines légendes qui m'avaient posé des problèmes.Thompson détestait ce genre de détails insignifiants et il avait déjà reporté notre rendez-vous plusieurs fois. Une semaine avant notre dernière entrevue, j'arrivai chez lui où nous devions travailler ; je le trouvai au centre d'une vingtaine d'invités, réception qu'il avait dû improviser pour éviter la corvée des légendes. Charles Sheffield assista à notre dernière rencontre. Nous passâmes plusieurs heures à mesurer et à identifier des objets qui devaient figurer dans le livre. Nous nous séparâmes à dix heures, Jim étant très fatigué. Alors que plus tard j'essayai de me souvenir ce qui avait été dit lors de cette soirée, rien de précis ne me revint à l'esprit : il s'était agi d'une de ces rares soirées calmes. Nous décidâmes de remettre la vérification de mon texte à son retour.

Comme à son habitude, Thompson nous raccompagna à la porte. Il se tenait debout, encadré par deux lions chinois de pierre et entouré de sa horde de chiens ; la nuit en cette saison chaude était calme et douce. Je le remerciai alors pour le dîner; il prononça alors sa formule habituelle : «Merci à toi d'être venu.» Notre voiture démarra alors ; ce fut la dernière fois que je le vis.

Bangkok, 1969

POST-SCRIPTUM

Ce livre fut initialement publié en 1969, deux ans après la disparition de Thompson. À l'occasion de cette traduction, les lecteurs seraient sans doute curieux de savoir ce qui a changé depuis.

Ce qui peut sembler le plus curieux, c'est qu'aucun événement ne soit venu éclaicir le mystère Thompson. Bien que de nouvelles théories aient été proposées et que les tenants des plus anciennes aient continué de défendre leurs points de vue, nous ne possédons aucune explication sur ce qui se déroula en cette après-midi de Pâques. Rien n'a brisé le silence d'un éventuel enlèvement, aucun aborigène n'a révélé le secret défendu par sa tribu de l'accident dont Thompson aurait été victime, aucun promeneur ou chasseur n'a découvert d'ossements dans une grotte. Les révélations sur les activités clandestines de la CIA, dont on avait supposé qu'elles pourraient expliquer la disparition, n'ont pas plus soulevé le voile du mystère.

L'ancien Premier ministre Pridi, clé de voûte de tant de thèses, s'installa à Paris où plusieurs amis de Thompson le rencontrèrent. Tous semblèrent s'accorder sur le fait que ce dernier ne savait rien. Le Cambodge est aujourd'hui moins accessible encore qu'au moment où Hurkos tenta de s'y rendre. Il fut cependant un temps pendant lequel le pays était ouvert aux Américains ; rien ne vint confirmer les «impressions» du Hollandais.

À chaque anniversaire, une nouvelle histoire est publiée pour raviver en quelque sorte le mystère, et dans le courant de l'été 1976, la télévision anglaise a diffusé aux heures de grande écoute un programme d'une demi-heure qui lui était consacré.

La mort de Thompson fut officiellement déclarée en 1974, après les sept années requises par la loi thaïlandaise. Son héritier, Henry Thompson III, a créé une fondation pour que la maison de son oncle reste ouverte au public. Plusieurs centaines de touristes s'y rendent chaque semaine et cette demeure fait plus que jamais partie aujourd'hui du décor de Bangkok.

Charles Sheffield, qui prit la suite de Thompson à la tête de la Thai Silk

Company, est mort en 1973 d'un cancer. Richard Noone mourut de cette même maladie, quelques mois plus tard, dans le même hôpital. Peu avant de s'éteindre, ce dernier confia à l'un de ses amis qu'il était persuadé que Thompson ne s'était pas égaré dans la jungle, sans pour autant apporter de preuve à son intuition. Sheffield était, quant à lui, convaincu que Thompson avait été victime d'un accident et que ses restes reposaient quelque part dans les environs de *Moonlight Cottage*.

Le meurtrier de Katherine Wood ne fut jamais découvert, mais la police semble convaincue que l'assassinat n'avait aucun lien avec la disparition.

La Thai Silk Company continue de se développer. Sheffield fut remplaçé par un jeune Américain, William Booth. Après son service militaire, Booth avait décidé dans les années soixante de se consacrer au commerce de la soie, dans le nord de la Thaïlande. C'est alors qu'il rencontra Thompson, qui lui offrit un poste dans sa société.

Cocky, le cacatoès favori de Thompson, est toujours sur son perchoir, dans le jardin. On dit que les cacatoès ont une très bonne mémoire, et certains affirment qu'une certaine tristesse accompagne les cris qu'il lance de temps à autre.

Achevé d'imprimer en Malaisie sur les presses de SSP Industries Sdn. Bhd.
Dépôt légal : août 2019